# 弁当屋から国会へ！

会津男児が熱く綴る「復興への志」

衆議院議員・復興副大臣
菅家一郎

アールズ出版

# まえがき

私はよく、「何で弁当屋から国会議員になった（なれた）の？」と、会う人から聞かれることがあります。実は、自分でも「何ででしょうね？」と聞きたいくらい、今考えれば幸運とも言える偶然が重なり合った、〝自然な〟成り行きだったのです。私は、祖父や父も政治とは全く関係のない、いわゆる「ジバン、カンバン、カバン」のない庶民の家の出です。学校も苦学して卒業し、地元に帰って病身の父母を介護し、家を守り、家族を支えるためにひたすら働き続けた青春時代でした。ところが、アタマの中に政治の「セ」の字もなかった一介の弁当屋の青年が、地元で培った数々の人びととのご縁により、市会議員から始めて、今日、復興副大臣にならせていただきました。

ただ私は、自分の「立身出世」のストーリーを人びとに自慢したくてこの本を書いたのではありません。今日、日々の仕事や人間関係に悩んだり、事故や災害などに遭ったりして、苦しみを抱えながらも、前を向き、自分の運命を切り開こうとする若者が大勢いると思います。そしてそれぞれにさまざまな夢や展望を描き、ビジネスマンや農林漁業、中小企業経営者、ＩＴ起業家、エンジニア、スポーツマン、芸術家、学者……、あるいは政治家を目差している人もいることでしょう。本書は、そうした人びとに対する私の経験を踏まえたささやかなメッセージ、エールのつもりで書き留めたものでもあります。

これからの時代を担っていく若い人びとに言いたいことは、人間どんな境遇にいようとも、決してへこたれないで立ち向かう姿勢が大事だ、ということです。そのためには、現在自分に与えられている任務について、どんなことも中途半端な姿勢で対処してはなりません。時には、自分が今やっていることに何の価値があるんだろう、と自問自答することもあると思います。しかし、人生の経験に何一つ無駄になることはない、必ず後に生かされるときが来ます。

人間の価値は、出自や境遇などに全く関係がない。「人間とは心である」、それだけを忘れないこと、人と人の関係を大切に、今ある持ち場を一所懸命に生きる——それが自分の運命を切り開くカギだと思います。本書が、今は恵まれない環境にあっても、希望を捨てず前を向く若者たちにとって、少しでもお役に立つことができれば、と願って止みません。

菅《かん》家《け》一郎《いちろう》

# もくじ

## 第3章 まさか自分が政界に出ようとは……43



## 第4章 会津若松市長時代に得たもの……61

カバーデザイン　林貞通／カバー写真　中川廣文

# 第１章　苦学生時代

## 旅館「信夫屋」の長男として

私は昭和三〇年五月二〇日、会津若松市内の旅館「信夫屋《しのぶや》」の長男として誕生した。兄弟は三人、姉と妹がおり私はその真ん中の一人息子だった。旅館は二階建て、五部屋ほどの小さなものだったが、会津若松市役所の東側にあったので、市役所のお役人とか関係者の方が多く利用してくれた。

まだ車が普及していない時期であり、会津地域は結構広いので遠くの人は泊りがけの用事になる。利用客の多くは役所の仕事関係の人たちなので、じきに顔見知りになり、客の多い日は、「今日は誰々さんと誰々さんは相部屋でお願いしますね」と母が頼むと、お客さんも「いいよ」と気さくに応じてくれるような時代だった。

小さな旅館だったが、親戚の人たちがいつも手伝いに来てくれており、一〇人くらいの大家族の環境の中で育った。私は小さいときから風呂焚きの担当をしていた。新聞紙を揉んでマッチで火をつけ、それを薪に移して燃やすのだが、これが結構コツが要る。初めの頃は風の吹き方や薪の乾燥具合などが分からず苦労したが、小学生の間にいっぱしの風呂焚き名人になっていた。中学生になると、風呂掃除、蒲団敷きを手伝った。勉強もしなければならず、友人たちとも遊びたい。なかなか時間が取れず、辛い思いもした。そんなわけで、家族みんなで旅行に行ったこともなかったし、学校の父兄参観日と言えばいつも家の手伝いをしてくれている親戚の幸子さん（さっちゃん）が来てくれていた。たまに母親が来てくれたときは、本当に嬉しかった。

つまり、人並みの家庭の団欒とかには恵まれていたとは言えないけれども、自分としては少しも不幸だとか、友達に比べて引け目を感じるということはなかった。兄弟三人仲良かったし、何よりも大好きな母親の手助けが少しでもできればうれしかったから。

姉（真理子10歳）、妹（良枝3歳）と筆者（7歳）（1961年）

子供時代で一番記憶に残っているのは、下宿していた会津工業高校生との交流である。旅館が会津工業高校の近くだったので、知り合いの南会津の舘岩の方に息子を下宿させてくれないかと頼まれ、客室の一つを下宿用に充てることにした。そしてその家の息子三人がみんな会津工業に入学し順番に我が家に下宿をしていたのだった。自分は女の兄弟ばかりなので、兄のように親しみを感じ学校から帰ってから庭で一緒に遊ぶのが楽しかった。時には勉強も教えてもらった。

庭には父親が趣味でいろいろな果樹をあちこちに植えていて、実りの季節になるとアンズやスモモ、ウメ、ブドウ、ポポウなどの実を取っておやつ代わりに食べたものだ。

やがて自分も高校を受験する年になった。遅まきながら受験勉強に取りかかったが、それまでの不勉強がたたって志望校の会津高校を受験したものの見事に失敗。翌年の再受験を目指し、旅館の一室を改造して勉強部屋をつくってもらい、予備校に通って懸命に勉強した。受験前日、指導の厳しさで鳴る予備校の校長が二階の教室に上がってきて、「お前たち、もう戻ってくるな」と諭すように話した。その眼は潤み声が震えている。私は、先生の親心を見た思いで感動し、「よし、俺は絶対に志望校に受かって、ここには戻ってこないぞ。これで卒業だ！」、と心に誓った。卒業式はいろいろ経験したが、この「卒業式」ほど心に残ったことはない。

そして翌日、強い気持ちで第一志望の会津高校の入試に臨んだ私は、無事合格することができた。ただ、大学だと一、二年歳が違ってもお互いに気にもならなかったが、高校生くらいの年だと、同じ中学の後輩たちと机を並べるのは、何とも居心地の悪い思いがしたものだ。しかしそのうちにクラスメートにも溶け込み、勉強に遊びにともに楽しい高校生活を過ごすことができた。

中でも一番楽しかったのはボート部での体験だ。ボート部では、ナックルフォアとフィックスの選手を務め、この種目で東北大会に出場したこともある。会場は青森県のむつ湾である。

実はこれが私にとり、人生初めての遠出の旅行だった。むつ市の古い旅館に泊まったのだが、宿の女将さんは、自分たちが到着すると、待ちに待ったという様子で手を取らんばかりに喜び、歓迎してくれた。我々は女将さんがなぜこんなに大歓迎してくれるのか分からず、狐につままれた思いだった。

後になって分かったのだが、彼女は、むつ市が昔斗南《となみ》藩という時代に、戊辰戦争で敗れた会津藩士がはるばるこの地にやってきて新しい国づくりを目指して働いた歴史を知っていて、会津の地から来た若者にことのほか親近感を抱いてくれたのらしい。当時その歴史について詳しく知らなかったこともあり、チンプンカンプンだったのだが、歓迎の訳が分かり、女将さんの思いを知ると、改めてなるほどと感激を新たにしたのだった。

高校受験の失敗は私にとり人生最初の挫折だったが、浪人時代から高校時代の経験は、自分の人間力を鍛える最初の試練になったと思っている。今の時代、とかく学校の成績や偏差値の数字だけで自分の志望校や目的を限定してしまう傾向があり過ぎないだろうか。本人だけでなく周りが寄ってたかって、はじめから本人の将来を決め込んでしまうのだ。私はもっと、本人の「こうしたい」という思い、挑戦する心を大事にしてもらいたいと思う。若いうちは一度や二度の失敗を恐れずに、自分の目指す道を突き進むべきだと思う。厳しい試練を乗り越えた経験は将来きっと自分の糧になるのだから。

## 新聞専売所―予備校のピストン生活

家計が豊かでなかったので、大学は国立を志望した。しかし力及ばず一浪の身となった。親には大変申し訳なかったが、東京へ出て予備校に通い、来年もう一度挑戦することを許してもらった。その代わり、東京での生活費、予備校の費用など、一切親に負担をかけないことを自分に固く誓った。予備校は神田にある国立系受験対策を売りにする神田予備校を選んだ。次はアルバイト探しだ。

いろいろ情報を集め、予備校に通いながら生活費を稼ぐには、泊まる場所と賄いが付いている新聞配達のアルバイト（新聞奨学生制度）が一番良いと考え、よし、これでやっていこうと決めた。どの新聞社がいいかと調べてみて、日本経済新聞が割に条件がいいということを知り、日経に電話してみたら、志望経緯を聞かれ、大手町の本社に来るように言われた。これはラッキーだぞ。予備校の手続きがてら、さっそく上京することにした。

田舎の世間知らずの若者にとって、東京のど真ん中の大新聞社に足を踏み入れるのは、いささか緊張したものだ。本社に行くと、都内西部の目黒区を中心に日経を扱っている専売所長の中村さんを紹介された。中村さんは、「後について来い」と一言言うと、大手町から地下鉄に乗り込んだ。全く右も左も分からずに中村さんの後に付いて電車に乗っていたときの、「これから俺はどうなるんだろう」という不安な気持ちは、今でも忘れられない。

中村さんの専売所は東急電鉄目蒲線の武蔵小山駅の近くだった。専売所の寮に住み込みという条件は有り難かった。予備校通いと新聞配達のバイト生活が始まった。予備校の同級生の中には、親元からの仕送りだけで予備校生活を送っている仲間も多く、「君も仕送りしてもらって勉強に専念した方がよい」と忠告顔に言うやつもいたが、自分は「よーしこいつだけには負けたくない！」と、逆に発奮してバイトと勉強の両立に精を出した。その当時の生活は、朝四時ごろ起きて朝刊を配る。終わると朝食を取って予備校へ。三時には営業所に戻って夕刊を配達する。帰ってきて夕食を取るとまた予備校へ行って勉強、夜の九時頃専売所の寮に帰る、というサイクルである。専売所と予備校との往復には、目蒲線とＪＲの山手線を使う。武蔵小山―目黒―品川―神田というコースを往復するのだが、睡眠時間が足りず、特に朝、予備校へ行く電車の中で、つい眠ってしまうことが多かった。あるとき、神田に着いても居眠りをしていて慌てて他人様のカバンを持って降りようとした、という失敗談もある。

日経の新聞配達のバイトは条件もよく、自分も懸命に働いたことから、生活費に困ることはなかった。朝夕の食事は専売所の寮で、昼食は千代田区の施設が開いている定食屋で格安で食べることができた。自分の懐から出るのはこの昼食代と銭湯代くらい。当時サラリーマンの初任給が七万円くらいだったと思うが、その半分くらいのお金が手元に残った。予備校時代の経験から、東京での大学生活は親にあまり負担をかけず、バイトと奨学金で何とかやっていけそうだという自信がついた。これも新聞配達を一年間やり通したおかげである。

こうして一年間バイトしながら予備校で頑張った結果、国立はあきらめたものの、早稲田の社会科学部に合格することができた。実は自分は、中学生のころから事件や犯罪などの取材・報道に活躍する新聞記者に憧れ、マスコミで働きたいという希望を持っていた。それで、関係学科のある大学を調べ、東洋大学の社会学部応用社会学科マスコミ専攻が良いと考え、ここも受験して受かっていた。さて、どちらを選ぶかとなったとき、「どこへ行きたいか、というより、何をしたいか」を考えて受験した自分としては、少なからず悩んだが、結局、周囲の強い勧めもあり、社会科学について広く学ぶことができる早稲田のほうを選び、入学することにしたのだった。

自分の青春時代を振り返ってみると、挫折とそこからの奮起の繰り返しである。失敗をバネにし、糧にして新しい生活を切り開いていく——学生時代の経験がその後の人生にとって最もかけがえのない財産となった。

トルストイの『アンナ・カレーニナ』の冒頭に、「幸福な家庭の様子は皆似通っているが、不幸な家庭は不幸な様相もさまざまである」という有名なくだりがある。若い人たちに言いたいのは、人それぞれに家庭の事情はさまざまあるだろうが、自分の信念を失わず、失敗を恐れずに目標に立ち向かえば、必ず達成できる——ということである。それには、若いときから、自立・自助の精神をしっかりと持つことが大切であると思う。

## 悲喜こもごものアルバイト模様

大学に入ると、会津学生寮に入寮した。同寮は、会津の人材育成を目指す明治期の会津人有志によって計画され、藩校日新館に由来する「至善寮」の名を付して大正六年に開寮した由緒ある学生寮で、私も幸いその恩恵にあずかることができた。自由な雰囲気で友人もでき、快適な寮生活だったが、私は一年間そこで過ごした後、阿佐ヶ谷のアパートに移った。寮生活があまりにも居心地がよく、仲間内のなあなあの雰囲気に慣れ切って、内向きの人間になってしまうことを恐れたのだ。せっかく東京に出てきたのだから、いろいろなところに住んでみたいという気持ちもあった。四畳半一間で共同トイレという狭苦しい空間での生活だったが、予備校時代の苦労が生きて、充実した学生生活を送ることができた。

社会科学部は他学部と違って当時は授業の時間帯が変則的なため、昼間の時間のアルバイトもやりやすかった。当時早大の学生は、第一生命の五反田支店のアルバイト生が多かった。今日のようにコンピューターが普及していないため、生保会社では顧客データのカード整理が大仕事で、学生バイトを使って行っていたのである。ただ、先方は外務員の仕事も学生に求めていて、ペイもいいので、私は途中から外務員もやった。見知らぬ家に飛び込んで一から営業をするのは大変な苦労であり、このときの経験が実社会に出てからずいぶん役に立った。その他にアルバイトはいろいろやった。しゃぶしゃぶ店や二四時間営業のレストランの店員、警備会社と契約して工事現場のガードマン、道路工事の監視員などさまざまな肉体労働をやったのも良い経験である。高度成長期の余波で、どこの会社も気前よく賃金を払ってくれたので、学費や生活費のほかにいくらかの余裕もできた。

阿佐ヶ谷のアパートの家賃は、ひと月一万四〇〇〇円から五〇〇〇円で結構住みやすかった。新住居を構えると自動車運転免許も取りたい。資金を稼ぐためにアパートの近くにあった警備会社でアルバイトをしたが、それだけでは足りない。それで駅近くの二四時間オープンのレストランでアルバイトをすることにした。ところがたまたまそこは夜一一時から朝八時までの空きしかなかった。それで、一カ月間朝晩ぶっ通しで働くことになった。

しかし、ほとんど睡眠時間を取れない生活を十数日も続けているとさすがの体力自慢の自分もくたくたになってきた。ある明け方、レストランの仕事を終えて帰ろうとしていると、社長から、「疲れたろう？　ビールを飲んで帰ったら？」と勧められた。自分は一刻も早くアパートの布団に飛び込んで寝たいのだが、断るのも悪いと思ってご馳走になった。時間にしてほんの数分、一、二杯飲んだところで猛烈な眠気が襲ってきて早々に失礼した。それからアパートまでをどうやって帰ったのか全く覚えていない。ただ、道を右へ左へとよろめき歩きながら、電柱や塀にぶつかりそうになるとハタと目が覚めて不思議にケガをすることもなかった。何とかアパートの近くまでたどり着いたところを、同じアパートの住人が見つけてくれて部屋に運び込んでくれたのだ。

一二月に入り、帰省が間近になった頃、それまでの睡眠不足、体力の消耗のムリがたたり、ついに高熱を発してダウンしてしまった。四日後には田舎へ帰らなければならない。しかし、会津までの汽車賃を除くとほとんどお金がなく医者へ行くこともできない。仕方なくフラフラとした頭で薬局に行って風邪薬とトマトジュースを買ってきて、三日間はそれを飲むだけでひたすら寝て過ごした。

四日目の朝になると、不思議に熱が下がっていた。上野発の電車の乗車時間が迫っている。残っているなけなしの一〇〇円玉をつかんで阿佐ヶ谷駅に急いだ。上野駅に着くと発車のベルが鳴っており、間一髪で指定の電車に間に合うことができた。車中腹が減っているが弁当を買う金もない。会津若松駅まで我慢して駅からタクシーに飛び乗り、家に着くと〝只今〟もそこそこに飯を所望した。母や妹たちは怒るやら笑うやら。おかげで、それまで月三万円だった仕送りを五万円に増やしてもらうことになった。

中島君の実家にて（向かって左が筆者、中央が中島君）

とにかく、学生時代はアルバイト漬けだった。
ある年の夏休み、北海道の礼文島に実家がある中島信一君に誘われ、彼の家に遊びに行くことになった。その資金を稼ぐために、一カ月間警備会社のアルバイトをやった。当時は私も時流に乗って肩まである長髪を靡かせていた。ところが会社の方針で、警備会社は長髪はダメとのこと。それで泣く泣く（？）床屋へ行ってばっさりカットしてもらって再び面接に行くと、係の人は、「まさか切ってくるとは思わなかったよ。社内で切ってくるか来ないかで賭けていたんだ」と笑っていた。そこではマンションの工事現場の出入り口で交通整理や安全確認をする仕事や、夜間は道路工事中の区間の車の誘導を行った。夏の戸外の仕事なので、二日もシャツを着たままにしていると、それこそ塩を吹くほどに汗まみれになった。さてこうやって苦労して手に入れたお金を銀行の口座に入れて勇躍北海道に向かい、お金をおろす段になってハタと困った。北海道にその銀行の支店がなく、お金がおろせなかったのだ。しようがなくて、知人に金を借りまくって二週間ほどをしのいだのだった。

でも、礼文島の生活は楽しかった。中島君の実家はお土産屋さんで、観光シーズンなので泊めてもらうお礼に店の手伝いもさせられた。礼文島というとバフンウニが有名である。浜で採れたばかりのバフンウニの、イガイガを剥いた身がいっぱい詰まったポリバケツを運搬する作業である。汗だくになって運んでいると、中島君が、「ちょっと食べてみたら」とお椀に剥き身のウニを入れてくれた。山国の会津生まれの私はそれをまで缶詰のウニしか食べたことがなかった。生のバフンウニを食べるのは初めてである。恐る恐る口に入れてみた。剥いたばかりのオレンジ色の新鮮なウニの身のうまかったこと！　夕食のオカズにも出してくれ、腹いっぱいごちそうになった。それ以来、バフンウニは私の大好物の一つになった。

## ゼミ学生の手で先生の恩師の「大学葬」を挙行

楽しかったのは、大学近くの「エース」という喫茶店でのバイトだった。最初は自分の会津なまりが客商売に差し障りがないかと、気を遣っていた。そのうち、会津の仲間たちに声を掛けたら何人か集まってきて、気軽に会津弁を話せるたまり場のようになった。そこで、会津には早稲田ＯＢによる稲門会があるが、現役の「会津稲門会」をつくろうという話になり自分が推されて会長となった。当時は学生運動が激しく、第二学館の中はめちゃくちゃに荒らされて同好会ボックスが使えない状態になっていた。そのためキャンパスに近いエースは、「セントアミーゴ」（サッカー同好会）、「アナウンス研究会」（通称「アナ研」）や、「京都学生会」など、学内では有名な同好会のボックスとして使われていた。我が「会津稲門会」はその中では新入りで肩身が狭かったので、入会学生を増やそうと学内の各所に入会案内の貼り紙を出した。当時はキャンパス内のほとんどで学生による貼り紙が禁止されていたが構わずに貼って歩いた。当局が剥がすとまた行って貼る。それで結構な人数が集まり、エースでは一大勢力になった。エースには昼間から常時十数人の会津学生が溜まるようになった。「会津稲門会」主催の〝ダンパ〟（ダンスパーティー）は多くの学生を集め、人気同好会「アナ研」の座を奪うまでになった。

「会津稲門会」の仲間とは、今でも仲間づきあいをしており、会津に戻ると、「山新」の社長で会津稲門会幹事長の五十嵐新典《しんすけ》君を中心にワイワイやっている。エースでは五十嵐君も一緒にアルバイトをしたことがある。一～二年のときは週に三、四日、三～四年になるとお店が忙しいときだけ出るようにした。お店では、盛の良いチキンライスを大きい卵焼きでくるんでケチャップをかけたボリュームたっぷりのオムライスが学生に人気だった。私は喫茶の担当で、夏場は製氷屋から運ばれてくる四角い氷をアイスピックで砕いてアイスコーヒーをつくる作業

高校の同級生たちと

に追われた。最初は慣れないので、アイスピックの使い方が上手くいかず、しょっちゅう手を傷だらけにしていた。そのうちにピックの使い方も上手になり、シェーカーを使ってミックスジュースをつくるのも、お手の物になった。エースのママさん、マスターにも大変気に入られて、その後もお付き合いを続けている。後年会津に帰り、結婚して三人目の子供が生まれてしばらく経った後、東京に家族旅行に行き、エースに寄ると、ママさんが大変喜んでくれた。次男がお腹が空いたというので、さっそく名物のオムライスを出してもらうと、ボリュームたっぷりの代物をペロリと平らげてしまったので、皆で大笑いした。

ゼミは社会科学科の松原ゼミだったが、自分が、同好会や部活動などで仲間づくりをしたり、クラスでも人をまとめることを得意としていたからか、松原先生は何かと買ってくれていた。在学中に、松原先生の大先輩の恩師が亡くなられた。学界では有名な先生なので早稲田で大学葬を行うかと思っていたがそんな動きがない。そこで、それなら俺たち「孫弟子」で葬儀を挙げようということになり、ゼミのメンバーを集め、大学と交渉し大隈講堂を貸してくれるよう申し入れした。大学側は渋っていたが、「大学葬はできないが君たちが仕切ってやるのなら」ということで貸してくれることになり、大隈講堂を会場にして盛大に告別式を行った。松原先生は大変喜び、感激してくださった。学生が主体になって、教授の告別式を大隈講堂でやったのは、おそらく後にも先にも初めてのことではなかろうか。自分にとっても大学時代の経験の中で非常に印象深い思い出となっている。

## 卒業を前に父母が病に倒れる

よく学び、よく働き、よく遊び――と、充実した大学生活を送り、そろそろ就職志望先を決めなければならない矢先の四年生のとき、田舎から父が脳溢血で倒れたという知らせが入った。慌てて実家に駆けつけると、幸い大事には至らなかったけれども、父は右半身がマヒしてもう以前のように働ける身体でなくなっていた。また、当時は旅館も古びてしまい、モータリゼーション華やかな時代の中で、もはや営業していくことが難しい状態になっていた。悪いことは重なるもので、その年、母親が右足の踵にガンができているのが見つかった。もう旅館をやっていくことは無理である。それまでは都会で一流企業に入りサラリーマンになることを考えていた私だったが、長男として家に戻り、何とか家の危機を乗り越え、再建しなければならない。東京でぐずぐずしているわけにはいかない。卒業式の翌日には、取り立ての免許を持ってレンタカーを借り、アパートを引き払って田舎に帰ったのであった。

昭和五五年の三月のことである。父親の介護と母親の病気の手術・治療、旅館の始末、家族をどう守るか——二四歳の私の双肩に一家の運命がずっしりとのしかかってきた。

とにかく、仕事をしなければならない。家業が旅館だったことから、最初ホテル勤めを考えた。ホテルで勉強して将来はビジネスホテルを開業しようかという腹積もりもあった。そこで大学時代にアルバイトをしていたホテルニューパレスへの入社を考えていたところ、そこの親会社の福島日石株式会社というガス会社の専務の磯田弘さんに、同社への就職を勧められた。これまでのさまざまなバイトの経験から、どんな仕事も一期一会、ご縁のある人の紹介でもあり、その会社に就職することにした。

最初の任地は、当時母親が福島の病院に入院していたこともあり、希望して福島営業所に配属してもらった。しかし福島の病院では母の治療がはかばかしく行かず、会津の竹田病院という病院で診てもらったところ、やはり、膝から下の切断手術が必要ということで、同病院に転

家族団らん。左から母、父、筆者、妹

院し手術を受けることになった。それで私も福島営業所から会津の本社に移してもらうことになった。

　会社の主な事業は、プロパンガスや灯油の営業販売である。会津ではガスボンベの配達を担当した。ボンベには、五キロ、一〇キロの小型のものもあるが、家の外側などに据え付けてある大型のものは五〇キロもある。ガスが満タンに入っていればなんと一〇〇キロだ。会津に戻ったその年の冬はたまたま大雪で、私は五〇キロボンベの配達に苦労した。何しろ屋根まで積もった雪を掻き出し、軒下に埋まっている空のボンベを紐をかけて引っ張り出し、満タンのボンベを車から引っ張ってきて取り替えるのだ。もちろん家のガス管とボンベの取り外し、接続の作業もある。学生時代からいろいろな仕事を経験したが、これだけきつい仕事はあとにも先にも経験したことがない。冬が過ぎ春になると、営業マンたちは皆ホッとしたものだ。

会社にはガス器具などを販売する家電部があり、ナショナルの家電製品も扱っていた。ガスボンベの配達をやった後、今度は家電部の営業を命ぜられた。私は、「これは弱った」と思った。というのも、自分には「営業、セールスが苦手」という意識がある。今の私を知る人は意外に思うかもしれないが、学生の頃、五反田の第一生命でのバイトで保険の営業をやらされたとき、田舎者意識から口下手で対人折衝がうまくいかず、大変苦労した記憶がトラウマになっていたのだ。それで、「自分は自己管理ができず、分かっていてもついつい手を抜いてしまったりするので、私には向いていない」と強く断ったのだが、会社はどうしても家電の営業をやりなさい、ということで、家電のセールスをやることになった。

新しい名刺を持って町に出たものの、さて、これからどうする⁉ そこで思ったのが、——考えて見れば当たり前の正道だが——ガスボンベの配達をしていたときのお得意先を一軒一軒訪ね、「今度は家電のセールスの担当になりました。御用の節はよろしくお願いいたします」と、名刺を渡して挨拶することだった。ところが、一番最初に行った家の奥さんが、「うちは間に合っているから！」とケンもホロロの有様で、ガックリと来た。しかし、学生時代と違うことは、ここで「よーし、営業部にいる間に絶対この家から注文を取ってやるぞ」と負けん気を起こしたことである。それから、セールスに回るときは必ずその家に顔を出すようにした。

「奥さま、旧式の冷蔵庫は電気代がかかりますが、うちの新しい冷蔵庫ならこれくらい安いので、年間で見たらこんなに得になりますよ」といったセールストークを掛けるが、依然、奥さんは全然相手にしてくれない。こっちも負けじとあきらめずにいろいろな手を繰り出しつつ訪問を続けた。この奥さんは難攻不落だったけれども、そこで鍛えられたお陰で、そのほかのお宅で何件もセールスに成功することができた。

# 第2章　会津弁当屋戦争

## 市役所前に建てたビルの一階で弁当屋を開業

勤め始めてから、廃業した旅館の跡地をどう利用するか、両親と相談をした。両親は「すべてお前に任せる」、と言う。市役所前という立地を生かして、駐車場を経営することにした。旅館を解体して生まれた一〇〇坪ほどの更地を貸し駐車場とし、その一角に両親と妹との四人家族（姉の方はすでに嫁に出ていた）が住む小さな住宅兼管理事務所を建て、両親に管理人をしてもらうことにした。費用はすべて借金で賄う計画である。

ところが、しばらくしてお隣のガラス屋さんが駐車場を始めたのである。あちらは敷地が広く、何十台も駐車できる。うちは一〇台程度しか駐車できず、とても勝負にならない。そこで、方針を変更して貸しビルを建てることにした。このときに出会った計画建設という会社の伊藤さん親子――お父さんの伊藤博さんと息子さんの博通さんとの出会いが、それからの自分の運命を決めたと言ってもいいだろう。

博さんは実に親身になって私の相談に乗ってくれた。私は当時二七歳だったが、銀行もそんな若造になかなか金を貸してくれない。「担保になる土地があるから」と言っても首を縦に振らない。行くところ行くところ融資を断られた。そんな中、伊藤博さんが中に入ってくれて、ようやく会津商工信用組合が融資してくれることになった。当時は金利の高い時代で、住宅金融公庫の年利が五・五パーセント。それよりもかなり高かったが、背に腹は代えられない。融資を受けることにした。このときの経験から思うのだが、事業を始めるときは、金利の低い時期を見計らって借金しろ（事業を始めろ）とよく言われるが、私は、金利の上がり下がりがあるからこそ、事業というものはときどきの金利に左右されず、事業費自体を抑えることが王道である——金利の高いときでもしのげるし、低いときはそれだけ経営にゆとりをもたらすことができる——と考えるようになった。実際、その後は低金利が続く中で、順調に経営を続けることができた。

ビル建設のメドが立ったところで、私はビル管理の有限会社を設立することにした。どうせやるなら夢は大きく、ということで、「㈲新日本産業」という名前にした。菅家ビルの間取りは、一階、二階がテナント向けで四部屋、三階、四階がアパート用で合わせて八部屋の複合ビルである。

まだ二七歳の私は、菅家ビルの建設工事が行われる前日の夜は、あれこれマイナス的思考が雲のように湧いてきて一睡もできなかった。すでにビル建設の大きな負債を背負っている。「借金をしてビルを建てたものの、貸し事務所もアパートの方も、本当にテナントがちゃんと埋まってくれるだろうか⁉　やっぱり止めようかな。今工事を止めれば違約金はこれくらいで済むかな」という弱気の虫と、「いやいやここで止めるわけにいかない。人生、悔いなく生き

完成した菅家ビル

たい。自分で志を持って立てた計画は断固貫こう！」という強気の思いが自分の中で葛藤し、堂々巡りした。
最終的にゴーを決断した根拠は、「すべて失ってもいい！」という、開き直りにも似た気持ちだった。起業には成功か失敗かの二つに一つしかない。もし失敗して借金が返済できずすべてを失っても、家族みんなが肩を寄せ合って暮らしていければいいじゃないか。やっぱり人間志を持ってここまで来た以上、悔いを残して人生を終えたくない――最終的にはその決断に至り、工事に踏み切った。
当初は、福島日石に勤めながらビル経営をやろうと考えていたのだが、会津商工信用組合の方から、貸しビルを利用して日銭を稼げる商売をしたらどうかとの提案があり、二足の草鞋はやめて事業に専念することに決めた。日石を退社し、伊藤さんの提案もあってテナント用の一階の一室で弁当屋を開業することにした。幸い母が旅館を営んでいたので弁当店に必要な調理師免許は改めて取る必要もなかった。当時会津でも、テイクアウトのノリ弁当、サケ弁当などが人気が出始めていた。市役所の脇にあるので、市役所職員の利用がかなり見込めると考えた。

ところが、菅家ビルの建設工事をしているさ中に、町内の目抜き通りの交差点に面した好立地の場所に、あっという間に弁当屋が開業したのである――いつかどこかで見たデジャブー的な光景であるが――。

菅家ビルができ上がって店がオープンする少し前、私は福島日石を退職した。退職するまでは相変わらず家電部で訪問セールスに汗をかいていた。例の、ずっと門前払いだった奥さんのところにも、あきらめずに二日と置かず顔を出していた。すると、退職一カ月前になって奥さんから電話があり、「菅家さん、冷蔵庫買うわよ！」と言ってくれたのである。誠実を尽くす、あきらめない気持ちが通じたのだろうか。とにかく自分の初心が報われたのが素直にうれしかった。「これと決めたら、絶対あきらめずに初心を貫け！」――当たり前のような言葉だが、仕事・事業に取り組むときの姿勢の原点を、改めて確認した思いだった。そして、自分はこれで福島日石を卒業できた、と思ったのである。

## ついにライバル店に打ち勝つ

さて、弁当屋を開業したものの、店先に立つと、くだんの弁当屋は数百メートル先に嫌でも目に入ってくる。どうやったらライバルに打ち勝って自分の弁当屋を成功させることができるか、ずいぶん思い悩んだ。

打倒ライバル店を目指す私は、「日の丸チェーン」という、福島県一円にフランチャイズを持つ弁当店の傘下に入った。同チェーンの親会社である㈱タゴショウフーズの経営者・田子正太郎さんは、後に福島県商工会連合会の会長も務められた有力者である。

フランチャイズ店ではあったが、その店独自の方針、サービスは許される。私は、戦う以上は、相手が五のことをやれば六を、七のことをやれば八をという風に少しでも相手を上回る商品、サービスを提供することに努めた。向こうは弁当の配達をしていなかったので、こちらは配達サービスをした、同額の商品で少しでもおいしいオカズを工夫し、一品でも品数を多くするようにした——。最も気を配ったのは、お米だ。弁当の命はお米である。弁当の美味しさの決め手は何と言っても美味しいお米である。会津人は会津のお米が好きだ。我が店では、タゴショウフーズに対し、「特別に地元米を使わせてくれ」、と粘りに粘って交渉して了解を取り、仕入れ値は張ったが、地元産の上等な「会津ササニシキ」を使うことにした。お店で使うガスは当然福島日石のガス。古巣の日石から喜んでもらえた。

とにかくおいしいものを提供しようと、オカズも冷凍の素材をそのまま使うのではなく、なるべく手を加えるようにした。ハンバーグに目玉焼きをトッピングしたり、メンチカツを卵で閉じてメンチカツ丼にしたり、ライバル店のやっていないメニューを考案した。そのほかカレー弁当、とんかつ弁当、唐揚げ弁当、焼き肉弁当など、みんな手づくりで素材やつけ合わせを工夫して差別化を図った。材料費や手間を考えると利は薄かったが、薄利多売方針を貫き、売上げ増を図った。営業面でも工夫を凝らした。当時出始めていたワープロの活用を考えたのである。そこで、大枚をはたいてリコーの製品を購入した。当時は商店のチラシなどはまだ手書きやガリ版、タイプなどが普通の時代であり、貴重なお客ということで、自宅までインストラクターが来て、ワープロの操作法を教えてくれた。私は毎晩ワープロに向かって操作法を身につけ、デザインも自分なりに工夫したメニュー表をつくり、ゼロックスでコピーして県と市の役所が入っている合同庁舎に営業に回った。

これが功を奏して、役所から配達の注文がどっと来るようになった。どこの店も配達をしていない時代だから、大忙しである。毎日一二時前に配達が終わるように役所の周りを車でぐるぐる回って歩いた。ライバル店との生死をかけた戦いである。新日本産業の代取・オーナーだなどと気取っている場合ではない。自らメニューづくり、営業・配達、合間には厨房に入って

「日の丸弁当」で先頭になって働く筆者

カレーを煮ている寸胴鍋を掻き回したり、パン粉をつける手伝いをしたり、汗まみれ油まみれになって一日をフル稼働した。

調理師免許を持つ母が朝だけ厨房に入っていたほか、何人かの女性に働いてもらっていた。二〇代の若造が年配の女性を使うのは気苦労もあったが、社長自ら率先して懸命に働く姿に、みんな快く応援してくれたように思う。

こうして、合同庁舎・市役所を主要ターゲットとした作戦は当たり、売上げは急速に伸び、一年もたたないうちに、ライバル店は撤退した。しかし、これで良しとうかうかしてはいられない。これまでのメニュー・サービスに胡坐をかくことなく、店員と一緒になって新しいメニューの開発に努めた。煮込みかつ丼や、牛丼の玉とじ、かき揚げ丼の卵とじとか――実は自分が卵大好き人間なので発案したことなのだが、卵とじメニューを増やした。カレー弁当も、カツカレー、ハンバーグカレー、メンチカツカレー、唐揚げカレー、コロッケカレーなど、栄養があってボリュームたっぷりのメニューを追加した。そのメニューを持って新規開拓の営業に歩いた。

その当時は市会議員、県会議員になるとは夢にも思わず、とにかく、旅館を廃業して新たに一から立ち上げた事業を成功させ、病身の両親や家族に少しでも楽をさせてやりたいとの一心で、死に物狂いで働いた。土日も連休もなく、休むのは正月の何カ日、という状況だった。そろそろ結婚も考えなくては、という歳ごろだったがお見合いをやってもデートもできないありさまで、縁遠い状態が続いた。

菅家ビルの方も、一、二階のテナント、三、四階のアパートも全部埋まり、順調な船出となった。そんな中、弁当屋「日の丸亭」に夕方の時間からアルバイトに来ていた二〇歳の女性を見初めて付きあい始め、ちょうど三〇歳のとき結婚をすることになった。

妻の名は渡部美穂と言い、同じ会津若松の出身で、測量会社にお勤めしていたのだが、私の知人の紹介で「日の丸弁当」に来てくれることになった。一緒に弁当づくりの仕事をしているうちに、性格や気心も知れてきて、「いい女性だな」と思い、密かに結婚を考えるようになった。彼女の実家は自転車屋さんで、お父さんは、バイクはもちろん自動車まで直してしまうよ

アルバイトの青年と厨房で

うな腕を持った（実際に資格も持っている）職人気質の尊敬できる技術屋さんだ。特に裕福な家のお嬢さんではないが、そもそも「自分は結婚するなら普通の家庭に育った娘さんがピッタリだ」と常々思っていた。歳も九歳離れているが、自分の父母も一三歳違いだし、気にならなかった。父も「良い娘さんじゃないか」と勧めてくれた。それで結婚を前提に一年近く交際し、門限もキチンと守り、責任を持ったお付き合いをしたうえで、渡部家もそれならと承知してくれ、伊藤博さんに仲人をお願いして結婚式を挙げた。

やがて長男を授かり、妻と二人でさらに懸命に働いた。妻はお店に家事にフル回転、それで私は、配達のとき、黄色い帽子にオレンジのエプロンという「制服姿」で、黄色のダイハツミラーの助手席に子どもを乗せ、「ドライブだー！」などと叫びながら配達に回って歩いた。仕事をしながら育児をしていたわけだ。あると

同級生の仲間たちと（向かって右端が美穂夫人）

き、県の合同庁舎に配達に行ったとき、お相撲さんの高見山関が歩いて来るのを見かけた。「あれっ、高見山だ！」と思って、たまたまカメラを持っていたので、子どもと一緒に写真を撮らせていただいた。抱っこをしてもらったりして、子どもは大喜び、というエピソードもある。

私の父は長男が生まれた年に亡くなるのだが、事業の成功を大変喜んでくれ、初孫を抱っこして嬉しそうに笑っている写真がある。残念なことに政治家になった姿は見せられなかったが、生前に少しでも親孝行ができたのは良かった。母の方は昨年（平成三〇年）が十七回忌だったが、長男、翌年に生まれた次男、数年おいて生まれた三男と、三人の孫とともに過ごせ、私が市長になったのを見届けて亡くなった。弁当屋時代は、毎日がフル回転の忙しさの中、父の介護、母親のケアを続ける暮しだったが、妻は愚痴を一つもこぼさず、いつも笑顔で私と協力し合い、家族円満に過ごせたことに感謝している。父も母も、幸せな晩年だったのでは、と思っている。

## 月刊『情報ボックス』の発刊

菅家ビルが、完成と同時にテナントもアパートも埋まったのは、多くの人たちの協力があったからだった。特に高校時代の同級生が、司法書士事務所や美容院としてテナントに入ってくれるなど、親身に応援してくれた。その多くは地元で不動産などの自営業をやっている人たちだ。私はそうした友人たちに何とか恩返しをしたいと考えた。

「どんなことをやれば、みんなのお役に立つことができるだろうか?」。いろいろ考えた挙句、一階の駐車場の一角に簡単なプレハブ建ての事務所をつくり、みんなが集まる場所にするとともに、情報の受発信基地にすることにした。まず、市役所の前で立地がいいので、事業をやっている友人たちに、通りに面した壁を宣伝広告などの掲示板として提供した。また、もともとマスコミ志望だった私は、ワープロもできる――当時自分の周りにはまだワープロを仕事に使っている人はいなかった――ので、友人たちの事業所や飲食店、美容院などのお店の広告やアパートやマンションなどの不動産情報、求人情報などを載せる情報誌『情報ボックス』をつくることにした。それを毎日何百個と配達する弁当に添えたチラシに挟んで配るので友人たちも大喜びである。そのうちに、最初はＡ４一枚表だけのチラシだったのが、町内の行事や見どころ、名物、名所などを掲載するようになり、表裏二ページなり、四ページになりとページ数がどんどん増えて、とうとうリソグラフを買って印刷しホッチキスで留めるほどのページ数になった。手づくりのタウン誌の誕生である。そんなところへ、知り合いから息子さんが就職が決まるまで使ってくれないかと頼まれ、断るわけにもいかないし、人手も必要になって来たので、『情報ボックス』の配達や編集のアルバイトをしてもらうことにした。

評判を聞いて会員になりたいという人たちが増えてきた。当初は十数社だった会員社が、七〇社くらいになった。そのため情報が多くなりそれがまた『情報ボックス』の充実につながる。最初は友人たちへのサービスとしてボランティアでやっていたのだが、そうなると無料というわけにもいかず、有料の会員制にして広告枠の大きさに準じて会費（だいたい五〇〇〇円程度）をいただくことになった。弁当屋に加え、ミニ広告代理店の誕生である。『情報ボックス』は月刊になり、毎月九日、二〇〜三〇人の会員が集まって情報交換会を行うようになった。会員の中には、料亭や飲食店、スナックの経営者も入っていたから、会場はそこを持ち回りで使うことにした。お店の主にとっても、月五〇〇〇円の会費を払っても年間で六万円、広告料として考えれば高くないし、その上、何カ月に一回かは、お店で二〇〜三〇人の宴会の売上げ

『情報ボックス』の年末謝恩パーティ（2周年記念）

が見込めるので、悪い話ではなかった。

　さらに、同じ仲間同士で支え合いを深めるために会員カードをつくって、加盟店への来店時には優待サービスをするという提案をしたところ、みんな「それは好い！」ということで盛り上がり、会員カードを発行することになった。カードをラミネート加工する機械まで買った。そのうち会員も増えてきて、月例会だけでは盛り上がりが足りないということで、それぞれの加盟店のお客さんをお招きして、年一回一二月に『情報ボックス』会員の謝恩パーティを開くことになった。会場は福島日石とのご縁で、ホテルニューパレスを借りた。立食形式でホールの中央に据えた大テーブルに、日本料理、中華料理、西洋料理、寿司、てんぷら、各種オードブルなどの御馳走をふんだんに用意した。ほとんどが会員のお店が格安で提供したものである。料理のところに提供した会員さんの店名を貼り出す工夫もした。ビンゴゲームの賞品も会員企業に協賛してもらい、賞品が当たるたびに、「これは○○店の協賛によるものです」とアナウンスを行った。余興で、独身者を集めて「ネルトン交換会」もやった。男女ともＡＢＣＤとグループを分けて、シャッフルした相手を選ぶといったやり方で、大いに盛り上がり、何組かのカップルが誕生した。年に一回の謝恩パーティを小さな会社が単独でやるのは容易ではない。でも、会員社が集まってやれば大きな謝恩パーティができるのである。

## 『情報ボックス』の仲間たちに支えられ

いよいよ、『情報ボックス』会員加盟店のテレビＣＭを打とうということになった。普通は三〇秒で二社というところだが、一社七、八秒の映像をつくって、三社で三〇秒の、「よそから来た大手に負けず地元企業で頑張ろう！」という、『情報ボックス』の会員紹介のシリーズＣＭをやった。当時は大手企業が地方に入ってきて、生存競争が始まった時代で、『情報ボックス』をやるエネルギーは、とにかく、会津の中小企業が頑張って力を合わせれば何とかなるのじゃないか、との思いだけだった。

そんな中、『情報ボックス』の毎月の集まりの中で、仲間から、「菅家、市会議員を目指せ！」という声が挙がって来たのは、三男が生まれた頃だった。私は別に政治家を目指すために『情報ボックス』をやってきたわけではない。前述したように、ただただ、菅家ビルと弁当屋の事業の成功のために応援してくれた友人たちへの感謝と、大手に対抗して会津の中小企業に頑張ってほしいという気持ちから始めたことだった。ビル建設の借金もまだまだ残っているし、事業もこの先どうなるか分からない。

「俺は政治家になる気持ちは全くないんだ」と何度も断り続けた。しかし、仲間は、「地元の中小企業を元気にするには、お前が市会議員をどうしてもやれ！ やらなかったらお前と付き合いを止めるぞ！」と譲らない。これには私も根負けして、「分かった。でも、やるからには中途半端な気持ちではできない。しっかり勉強して準備しないと」と、政治の世界を目指して活動を始めたのが、平成二年の春のことである。一年後の平成三年の四月には、任期満了を迎える会津若松市市会議員選挙が待っていた。

『情報ボックス』は、最初は、自分を本当に支えてくれた仲間たちに対する純粋な感謝の気持ちから、ビルの駐車場の一角に小さな事務所を建てて、その壁を使った情報掲示板でささやかにスタートしたものだった。だが今や、中央や大企業優先の時代に、地元の中小企業がお互いに情報を交換し、支え合い、元気になるための寄りどころとして、認められるようになった。これからの自分はさらに大きな視点で、地元への恩返し、会津若松市民のためを考え、地域全体の活性化のお役に立つべく、新しいステージに向かわなければならないのだ。

# 第3章

# まさか自分が政界に出ようとは

## 最大の関門・妻も最後は賛成に

平成三年の市会議員選に立候補した当時の気持ちも、『情報ボックス』立ち上げのときと全く同じものだった。自分をこれまで支えてくれた中小企業の仲間たちに恩返ししたい。そして地場産業、地元の小さなお店の経営を守り発展させることに少しでもお役に立てれば、という気持ちから立候補に踏み切ったのだった。

もちろん、政治経験も、カネも地盤も看板もない一介の弁当屋が政治家に転身する、というのは、そう簡単な話ではない。それまでの約一〇年間というものは、私は、家業を止めてサラリーマンとなり、両親の介護をしながら、自宅を建て、ビルを建て、弁当屋を開業し、結婚をして子ども三人を得るということで、ひたすら自分たち家族の生活を守ることに一所懸命だった。まあ、この一〇年の間は、本当にこれでいいのか、と自問自答しながらも、自分の背負っていた課題を一つ一つ解決していく時間だったとも言える。

そんな中、昭和六一年、私が三〇歳のときに長男が生まれ、長い入院生活をしていた父親は最初の孫の顔を見て他界した。この父の死が、私が、一つの責任を果たした、これから本当に自分がしっかりして自分の道を切り開いていかなければ、という思いとともに、政治家への転身を果たす転機になったとも言える。

ただ、自分はそれまで全く政治に関係のない人生を送って来たわけだから、「政治」というものが全く分からない、成算も将来展望もない。あるのは、皆のお役に立ちたいという純粋（馬鹿正直？）な気持ちと、「菅家、市会議員に立て」という仲間の強い要請だけである。

最大の関門は妻である。市会議員選挙に出る話が持ち上がったのは、ちょうど三男坊が生まれるので妻が実家に帰っていたときだった。妻が家に戻ったときには、すでに私は市会議員選挙に出ることが決まっていた。その話をすると、多忙な店も、家のことも一人で懸命に切り回し、その上三男が生まれたばかりの妻としては、当然反対である。「私は弁当屋に嫁に来たので、政治家のところに嫁に来たんじゃない」とツムジを曲げられ、説得するのに大分苦労した。最後は、自分の仲間たちと町への強い思いに納得し、強力なサポーターになってくれたが、政治家というのは、妻の協力がないと始まらない。このときは強く反省し、以来進路の重要な決定の際は必ず妻に相談するようになった。

## 密かに見てくれていた大先輩たち

選挙に出ると決めたら、まず挨拶回りだ。私の地元の栄町二丁目（市役所などがある会津の中心街）で古くから家具店を営んでいる町内会長の山田栄次さんのところに挨拶に行った。それまで、私は商工会議所の会員ではあったが、活動の仲間はあくまで学校時代の友人が中心で、

山田栄次さんと（市議選の出陣式で）

いわゆる地元の大物とはお付き合いが余りなかった。ところが、栄次さんは、開口一番、「菅家君は、地元に帰ってからわずかな時間で、よくゼロからビルを建てて弁当配達に汗を流して、あそこまで頑張って事業を拡げたなあ、たいしたもんだ」と、褒めてくれた。栄次さんは快く後援会長を引き受けてくれた。町内会長だけでなく、町内を挨拶回りすると、至るところで怱々たる大先輩たちから、「よくやってるな。えらいもんだ」と、温かい言葉をかけていただいた。それまで敷居が高くて接触がなかった人たちだが、ちゃんと見てくれていたんだなあ、と恐縮した。

自分がこれまでやってきたことは、まず第一に自分の家を建て直し、家族を守ること、そして、中小企業の仲間たちのために役立ち、町の活性化に努力すること、だった。そのために自分がこれだ、と決めたことは命がけで頑張り、他人さまに安易に頼ることなく、自分の力でこつこつと懸命に汗をかいてやってきた姿勢が評価されたのかもしれない。そして、政治家になるなどと考えたことはさらさらないが、パフォーマンスでなく、地域に貢献するんだという純粋な思いで仕事をしていれば、自然に周りから推す声が出て来るものだ、ということを改めて感じた。

これからの若い人たちに言いたいことは、やはり、「こうありたい」という自分の気持ち、「自分はこんなことに挑戦したい」「自分はこんな人になりたい」という気持ちを強く持つことが大事だということ。願わないことは叶わない。そして願ったなら、実現するために恥も外聞も関係ない。汗まみれ、泥まみれ、油まみれになって、とにかく全力で働く。やればやるほど、周りの人が知恵を出し、力を貸してくれる。そしてその感謝の思いを、言葉だけでなく自分の生き方として具体的に形に表す。それをしっかりやっていれば、必ず周囲から自然に推す声が掛かってくる。自分もそのようにして、図らずも市会議員選挙に出ることになった。

## 最初にお世話になった方の恩を忘れない

平成三年の春は統一地方選で、会津若松市長選も同時に行われた。私が市議会選出馬を決断した後、たまたま私や私の仲間たちが応援していた市会議員の山内日出夫さんが市長選への出馬を表明された。私は、結果としてその方の後継として地盤を引き継ぐことになった。後継といっても当方は新人で、選挙民の方々は私のことを知る人はほとんどない。私は一軒一軒丁寧なあいさつ回りをして歩いた。同級生や親戚が総動員でポスター貼りや、プレハブの選挙事務所づくり、町内の会合などに働いてくれた。町内会の方々もいろいろ協力をしてくださった。お陰様で定数三六人のうち一三番目で当選した。

さて、今まで弁当配達をやっていた男が市会議員になって、二足の草鞋を履くわけには行かないと考えていたら、パートで働いてくれていた友人の女性が「私このお店をやりたい」というので、「いいよ!」ということで、譲ることになった。市会議員になったとき、私のところの「日の丸亭」と他の弁当店とどちらが売上げがあるんだろうと思って、ある業者に聞いてみたら、「菅家さんの方が地域一番店です」という話であった。前にも書いたように、私はお店をやっていて、人様に顔向けできないようなことをしたことがないつもりだ。油は常に新しいもの、お米などの食材も吟味して使い、弁当箱の蓋が閉まらないほどの大盛りのサービスをしていた。銀行、取引先、従業員に支払いのことで迷惑をかけたことはない。この伝統を彼女は受け継いでくれるものと信じ、私は安心して市会議員の仕事に打ち込むことができた。

会社勤めのときも会社を起こしてビルを建てたときもいつの時代をとっても、私は常に誠心誠意、お客様に、取引先に向かい合い、全力で仕事に取り組んできた。議員になっても、全くこれと変わらない姿勢で市民のために働いた。

## 自分の名前を書いてくれた選挙民への責任

ただ、ほかの職業と違って、政治家になると、自分の直接知らない多くの人びとに厳しい目で見られるようになる。人としての生き方が常に問われているのだ。選挙民から支持をいただく、票をいただくということは、自らの生き方を評価されることだ、ということが分かってきた。いい加減な生き方をしていれば即座にダメ議員の烙印を押される。

そう言う意味では、私は政治という環境とは無縁だったために、それだけ純粋に、親の介護や家族の世話、友人の会社や町内の人びとのために、全く見返りを顧慮しないで働いてきた。ご恩を受けた人びとのために何か尽くしたいという純粋な気持ちでやってきたことが、議員として評価されたのかもしれないと考えている。

今振り返ってみると、自分の生き方は間違っていなかったんだな、と改めて思う。昭和五五年に家に戻ってから一〇年間くらい、家族を守るため、仲間や町の活性化のために本当に無我夢中で働いた。気がついたら推されて市会議員になっていた。

しかし、何千票という支持者の票の重みは、いつも肩にずしりとのしかかっている。はじめて「菅家一郎」という名前を投票用紙に書いてくださった方々への責任の重さを考えると、いい加減な気持ちでは到底議員の仕事は務まらない、二足の草鞋は履けない、ということで、地域ナンバーワンに押し上げたお店を知人に譲ることになったことは、先にも述べた。

そのころ、『情報ボックス』もようやく軌道に乗って来て、すべて一〇〇パーセント外注に出せるところまできていた。そこへ、新聞社にいた同級生が「俺にやらせてくれないか」ということで、これも彼に譲ることになった。スーパーマンではないのだから、何から何まで一人でやるということはできないし、やってはならない。そのときにあった課題に集中することが大事である。こうしてようやく念願がかない、肩の荷を降ろして市会議員の重責に専念できることになった。

選挙に出るに当たっては、計画建設の伊藤社長が「育てる会」の会長を務めてくれた。伊藤さんは、地元に帰ってからビルを建て店を始めるまでずっと相談に乗ってくださり、妻との結婚の仲人も務めてくださった。私は自分の親とも思って敬愛している方だ。そして、「菅家一郎」後援会の会長は町内会会長の山田さんが引き受けてくださった。

先輩方の応援のもとに、政治には全く素人の私だが、お陰様で当選を果たし、市会議員の仕事に一所懸命に取り組んだ。

市会議員になって一番最初の一般質問で、私は治水・水防対策について質問した。私の町内は市内でも一番低地の部分に当たっていて、少し雨が続くと側溝の水が溢れ、お店の床まで浸

市議選出陣式で（筆者の右が伊藤博さん、左が美穂夫人）

水してくる状況に悩まされていた。そこで、中心市街地が少々の雨で水が溢れないよう、側溝や水門の整備など対応を早急に行うよう、市に求めたのである。

その後も私は治水・水防対策に力を入れたのだが、決して思うようにことが進んだわけではない。市内の排水溝でも農業用水と併用されている部分があるので、水門の改修や開閉のタイミングを変更するなどの要請も行い対応はしてもらったものの、抜本的な解決にはなかなか至らない。この治水・水防対策は、市会議員から県会議員、そして市長に至るまでの私の大きな課題となった。

結局、最終的に治水問題の解決は、私が市長となり本格的に溢水対策に取り組めるときを待たなければならなかった。川というものは、川下の幅が狭いと溢水しやすいが、以前の会津若松市内の側溝はそうした欠点を持っていた。それをなくすために、抜本的な側溝の拡充整備に手をつけ、市長の三期目のときには完成を見ることができた。水門の自動化も実現した。地元の要望に応えることができて本当によかったと実感したものである。

中小企業対策も、『情報ボックス』時代からの私のテーマとして取り上げた。大手企業がどんどん参入してくる厳しい時代の中で、やはり中小企業であっても、皆で力を合わせ苦境を乗り越えようじゃないか、という思いが私を政治の世界に向かわせた原点でもある。であるから、市会議員時代以来、県会議員時代、市長時代を通じて、どうやったら地元の商店街、中小企業を守ることができるのだろうかと考え続け、中小企業対策、保護育成に力を入れてきた。国会議員となった今も、その思いに変わりはない。景気が上向いてきたと言われる今日でも、依然地方の人口減が進み、大手コンビニや大型店舗の進出によって、地元の産業が衰退する傾向が止まらない。これを何とかしなければ、というのが地方出身議員としての大テーマである。

## ターニングポイントとなった県議転出

市会議員の仕事にようやく慣れてきたころ、大きな出来事があった。

私は早稲田の卒業なので、早稲田のＯＢである渡部恒三先生は政治家として大先輩であり、

在りし日の伊東正義先生と（1989年）

何かと謦咳に接していた。しかし、前にも述べたように、議員選のときに私を応援してくれていた山内日出夫さん――伊東正義先生の秘書をやっておられた人――が市会議員から市長選に出ることになり、私は当然山内さんを応援したので、そうなると大学の先輩の恒三先生とは袂を分かつ、というより敵対する立場になっていた。

大きな出来事というのは、私が市会議員になって三年目の平成六年五月二〇日――ちょうど私の誕生日なので忘れられない日なのだが――のことである。市議会の委員会で京都へ地方行政調査の出張に行っていたその日に、伊東正義先生の訃報が飛び込んできた。これが私の政治家人生を変える大きなターニングポイントになったのである。

当時伊東正義先生の秘書をやっておられ、県会議員で県連の幹事長でもあった斎藤文昭さんが、正義先生の後継者として国会議員を目指すことになった。それで、私の後援会の皆さんは、翌年の平成七年の県議選に、「菅家、お前が出ろ」と盛んに薦める。斎藤文昭後援会も一致して応援してくれる、という。あれよあれよという間の話であった。こちらはまだ市議になったばかりで、県政に対する準備も何もできていない。しかし、私の性格からして周りの推す声に応えないわけには行かない。大変厳しい選択だったが、県政に出る決断をした。

私は、市会議員に出るときも無所属だった。県会議員は自民党公認で出たいと思っていたのだが、残念ながら自民党公認はもらえず、会津若松・北会津地区から無所属で立候補することになった。定数四名で立候補者は、自民党系が三人、新進党が一人、社会党が一人、共産党が一人。立候補したものの県議選となると容易ではない。非常に厳しい選挙だった。一万票を超えないと当選ラインに入らない。家内に、「今度の選挙は厳しいな。ダメなときは民間に戻ってどこかで働くか」と冗談を言うと、「そのほうが良いんじゃない」と笑って励ましてくれた。お陰様で三番目で当選することができた。

## 「食糧費問題」と飲みニケーション

県会議員のときに、ちょうど福島国体が開催された。私は会津高校時代ボート部員だった関係で、市会議員のときに、周りから勧められてボート競技の審判の資格を取っていたのだが、国体のときはボート選手団の顧問にされてしまい、とうとう審判員を務めることができなかったのが、残念でもあったが懐かしい思い出である。

県議時代、現在喜多方市長を務めておられる県議同期の遠藤忠一さんとウマが合ってお付き合いいただいた。県議になって福島県議会に初登院したその夜、「一杯飲みに行きましょう」と、二人で福島市のネオン街に出かけた。あるお店を見つけて「ここにしようか」と入り、思い出にということでボトルを入れ、「これからもよろしく」ということで乾杯し歓談した。その後数日経ってその店にまた行こうと思ったら、潰れてしまったという。ネオン街の消長の早さに驚いたものだ。今でも遠藤先生と会うとそのときの話をして笑うことがある。

県会に出るときはどうしても泊りがけになるから、定宿を決めていた。私は斎藤文昭さんの流れを汲んでいたので、斎藤先生が定宿としていた恵比寿グランドホテルを定宿にした。サウナがついていて部屋が和室だったので、私は気に入っていた。他にも仲間の議員たちが何人も泊まっていて、朝ご飯を一緒に食べながら、三〇分間くらいいろいろな打ち合わせをした。その近くに「リカ」というスナックがあって、夜はそこが溜り場になっていた。そこで斎藤さんや昔の先生方の話が出て、「ああ、そうでしたか」と納得するようなことが多かった。

県議時代で忘れられない事案はいわゆる「食糧費」問題である。当時多くの地方自治体で、職員が旅費などを調整して活動費（陳情とか要望、懇談会、宴会の費用など）に充てる事案が頻発し、マスコミで問題になっていた。福島県でも、食糧費の使い方に関して全員協議会が開かれ議論されていた。当時は知事が佐藤栄佐久さんで、県側では中川副知事が対応し、議会で質疑が行われた。結果として決算委員会の結論は、「不適正な食糧費の支出は認定しない」、ということであった。結局この事件以降、職員との懇談会とか、歓迎会・送別会などの宴会が、料亭などでは一切できなくなってしまった。確かに税金の適正な運用は守られなければならないが、ただ、それを厳しく糺したことによって、大きく言えば日本の飲食業界に大きなダメージを与えたことも事実であると思う。福島でも料亭の灯は次々に消え、会津若松でも多くの有名な料亭は衰退し姿を消していった。

私は、役人が各界関係者と懇親を図るということも、情報交換の一環として大事なことであると思う。私はそのことを市長時代もずっと考えていた。会津若松市ではそれまで、メーカー、企業の総会や組合の総会、あるいは対話集会のときなど、その後の懇親会になると役所の職員が参加しないのが通例だった。私はそれに対し、「強制はしないが、会費制でもいいからやはり懇親会に出たらどうか」と幹部職員に対し、参加を勧めた。一緒に飲むこと自体がいけないのではない、節度を持ってコミュニケーションを図る方が良い、という方針を打ち出したのだ。お互いに会費を出し合って飲みニケーションを図るのは決して悪いことではないのだ、と。

## 悩みに悩んだ挙句、市長選出馬を決断

斎藤文昭さんは国会議員を一期務められ、二期目の選挙（第一回目の小選挙区）で残念ながら落選された後、喉頭がんで亡くなられてしまった。そのため、当時の会津若松市長をされていた山内日出夫先生が、斎藤さんの後継として国会議員に出馬することになった。間もなく私は山内先生に呼ばれて、「君、私の後をやってくれないか」というお話があった。ところが、こちらは県会議員になってまだ四年目、今度の市長選の対抗馬とされる人物（自民党）はかなりの力があり、きわめて厳しい選挙戦になることが予想され、私の後援会はみんな「やるべきではない！」と、挙げて反対の意見だった。そこで私は、再び山内さんの自宅に行って、「大変申し訳ありませんが、力不足でお受けできかねます」と、率直に申し上げた。しかし、山内さんは、「いや、私は君じゃなくてはダメだと思っている。何としても出てほしい。もう一度後援会で検討してくれないか」と譲らない。それで私はもう一回戻って、後援会の皆さんと協議した。しかし、後援会は「やるべきではない。反対だ」と、意見が変わらない。それでまた改めて山内先生のところへ断りに行くことになった。板挟み状態で何とも主体性のない情けない話のようだが、後援会の意向も大事、尊敬する先輩の意見も大事、これも政治家の真実である。三度山内さんを訪ねると、「何でんかんでんやってくれ！」という返事である。

最後は、後援会の皆さんから、「菅家、お前の本音はどうなんだ⁉　どういう決断をするつもりか？」と迫られた。私は、「皆さんの気持ちは痛いほど分かる。本当に有り難く受け止めている。しかし、政治家としてこれだけ要請をされた以上、結果は何とも分からないが、ここで辞退するわけには行かない。受けざるを得ない」と、呻くように叫んだ。それで後援会の皆さんも納得してくれた。苦渋の決断だった。この選択も私の人生の中の重要なターニングポイントだったと思う。

県議四年目の最終議会で、私は退任の挨拶をすることになった。当時の斎藤卓夫議長に呼ばれ、「本会議で退任の挨拶を許す」とのこと。もう一人退任するHさんも県議を辞めて市長選に出る人なので、「どっちが先に挨拶をするかは私が決めることだが、お前の考えはどうか？」とのことである。相手は自民党県連幹事長を務めたこともある大物である。「H先生は大先輩ですし、やはり先輩が先というものではないでしょうか、どうでしょう？」と私は述べ、二番目に挨拶をすることになった。先輩の退任の挨拶を聴きながら、――ノー原稿なので――さて自分はどんな話をしようか、と考えていた。そのときになぜか東京の浪人時代のことを思い出した。いつも持ち歩いていた箱型のバッグに印字されていた英語の文章のことだ。それは、リンカーンの有名な「ゲティスバーグ演説」の一節だった。それは毎日毎日見ていたから覚えていて、県議会の壇上で「ガバメント・オブ・ザ・ピープル、バイ・ザ・ピープル、フォー・

ザ・ピープル」とやったのである。これは当時の議事録に残っている。後で先輩の先生から、「演説はお前の方が勝ってた。よかった」と言われ、照れくさい思いがしたものだが。

こんなわけで、市長選は自民党の完全な分裂下で行われた。対立候補のH氏は恒三先生の愛弟子で、自民党県連の重鎮である。当時は野党もH氏乗りだった。世論調査の結果は厳しく、マスコミ報道もこちらの旗色が完全に悪い。蟻が象に立ち向かうような闘いだった。選対本部長は誰もいない、一人ひとりが選対本部長だった。

しかし、結果を恐れていては、何事も始まらない。商売でもそうだが、条件が全部そろったからといって、必ず成功するとも限らない。また、結果も大事だけれど、期待に応えるという自分の姿勢を示すことがもっと大事、というのが私の考えだった。とにかく、条件は自分でつくるしかない、自分の力で情勢を切り開いていくしかない、と後援会活動に力を注いだ。戸別訪問は選挙違反になるが、後援会活動

地元のパーティで恒三先生と（2005年）

なら大丈夫である。入会申込書を持って、「今度の市長選に立候補を予定しております。どうか後援会に入ってください」と、時間のある限り一軒一軒歩いて支持を訴えた。対立候補サイドは神経質になって、「選挙違反だ！」と訴えていたようだが、当方は、「いやこれは後援会活動である」と譲らなかった。

# 第4章　会津若松市長時代に得たもの

## 三期一二年の得難い市長経験

結果として、市長選挙は大変厳しいものだったが、選挙運動の最後の三日間、後援会のみんなが、「菅家を頼む、菅家を当選させてやろうじゃないか」と、多くの方々に声をかけまくってくれた。そのお陰で何とか三〇〇〇票差で強敵に勝つことができた。選挙に楽な選挙というものはないが、このときの経験は本当に一生忘れられない思い出である。

各地で市民の皆さん方に喜んでいただいたが、一番感動したのは、私の母親の実家である柳津の西山での歓迎会だった。「お祝いをやるから来てくれ」と言われて伺ったところ、「歓迎！会津若松菅家市長」と書かれた横断幕を掲げて、地元の人たちが一〇〇人くらいみんな道端に出て歓迎してくれた。母親の若い時分は、どこでも同じようなものだが、みんな貧しい暮らしをしていて、長男以外は小さいときに養子や養女に出されることが多かった。うちの母親も小学生のとき、若松の「信夫屋」に養女に出て、働いて働いて苦労の連続であった。「まさかその『信夫屋』の息子が市長になるとはなあ」と言って、みんな我がことのように喜んでくれたのである。

前の市長はすでに退職されていたので、私は当選と同時にすぐに市長職をやらなければならなかった。選挙が終わった次の日、選挙の御礼回りをやるいとまもなく、初登庁した。市の職

市長初当選祝賀会。向かって筆者の右が伊藤さん、左が美穂夫人（1999年4月25日）

員に「みんな並んで待っているから、少し遠くから歩いて来てくれ」と言われ、庁舎に向かって歩いていくと、市庁舎の周りは黒山の人だかりで、みんなが「良かった、良かった」と言って大喜びで迎えてくれた。

初登庁の後は、初訓示をしなければならない。当時市が財政難ということが分かっていた私は、開口一番、「市役所の一歩外に出ると、市民が汗水流して一所懸命働いている。このことを我々は常に忘れてはいけません。市民の皆さんからいただいた貴重な税金を一円でも無駄にすることなく、市民のために知恵を絞って有効に使わなければならない。市民の生活を守り、市民の生活を良くすることが我々の使命であり、皆さんとともに力を合わせて頑張りたい」といったことを申し述べた。

私は現在国会議員として仕事をさせていただいているが、この三期一二年間の市長時代、首長時代の経験は、私の政治家人生にとり、代えがたい財産となったと思っている。

市長の一期目のとき、平成一四年の一一月に母が急逝した。亡くなる当日の朝、私の出がけに、母が「今日の予定は確認してる？」と言い、私が「大丈夫、ちゃんと持っている」と答えたのが最後の会話だった。その後、母は親戚の家に遊びに行ってそこで倒れ、病院に運ばれたが、そのまま再び目を開けることはなかったのである。病名は大動脈解離ということだったが、前の日まで元気だったので、本当にびっくりした。父の場合は長い間の看病の末だから、あきらめもついたが、母の死には喪失感が大きかった。

私は周りに迷惑にならないよう密葬で送ろうと思っていたが、「現職の市長の母親が亡くなったのだから、親孝行だと思って多くの人に声をかけて葬儀をきちっと行うべきだ」との周囲の声が高く、議会関係者をはじめ各方面にお知らせしたので、大勢の弔問をいただき、結果として母の葬儀は盛大なものとなった。

母親を亡くすということは息子にとって幾つになってもつらいことである。その後も、寝ているときに、選挙だというので、母親から、「どこどこに頼みにいくか？　俺一緒に行ってやるから」と声をかけられるところが夢に出てきたりして、お袋は本当に息子のことを心配してくれているんだなあ、母親はありがたいものだなあ、と、そのたびにつくづく思うのである。

## 若いときの苦労がものを言った市議、県議時代

振り返ってみると、市会議員、県会議員時代の八年間は、盆も正月もないような状態だった。妻と二人で、一月元旦から、二日、三日と毎年毎年、名刺を持って、町内を歩いて回った。「日の丸亭」時代と同様、雨の日も雪の日も休みなしの日々だが、「ひと様が休んでいるときに仕事をする」ことは当然のこととしていた。

この時代に物を言ったのが、学生時代、そして日石時代の経験だった。学生時代、生命保険のアルバイトをしていたときは、一日何百軒もセールスに歩いたが、なかなか思うように契約を取れない苦労を経験した。日石の家電部にいたときは、顧客開拓に訪問サービスに、毎日毎日歩き回っていたが、一向に売上げが上がらず、「今月の売上目標はこれこれだぞ、もっとがんばれ」などと厳しい指導を受けていた。ノルマ達成のために命がけで働いてきたサラリーマン時代のことを思えば、市議や県議というのは、ひと様の家を歩いて回って挨拶をして、「よく来たな！」と喜んでもらえるのだから、変な言い方だが、こんな楽なことはない。

そこで私は、やはり若いときに、保険のセールスや、家電のセールスや、弁当配達をやって足を棒にして歩き回り、辛い経験を積んできたことが、大切な財産になっているということを改めて思うのである。だから、戸別訪問でどれほど歩き回っても何の苦労も感じたことはない。

顔を出せば出すほど喜んでもらえるのである。

私は市会議員のときも県会議員のときも、時間さえあれば支持者のところに顔を出し、四方山話をし、「御用聞き」もやった。そして支持者への感謝の念を忘れず、誠心誠意、期待に応えるよう努めた。これは会社員や商売をしていたときと全く同様である。もちろん政治家という仕事は、厳しいことを言われることもあるし、ある家に行ったら喜んでドアを開けて中に招じ入れてくれるが、ある家では戸も開けてくれないこともある。これも保険や家電セールスでさんざん経験したことであるから何とも思わない。ただひたすら、虚心坦懐に耳を傾ける。

今の若い人たちはどうしても最初から楽な仕事をしたがる。誤解を恐れずに言えば、若いときは厳しくて儲けにならない仕事を経験してみる、苦労を身につける、ということも大事ではないか、と思う。古い考え方かもしれないが、若い人には、「苦労は買ってでもしろ」という古いことわざを、噛みしめてもらいたい。そして、与えられた仕事はどんなことでも精一杯努力して実行する。最初から楽な仕事で給料もいっぱいもらうような経験だけしかしたことのない人の将来が、ちょっと心配になる。若いときの苦労は必ず役に立つときが来る、と繰り返して言いたい。

私は常々、どんな仕事でも、一〇〇パーセントやることは当たり前、一五〇パーセント、二〇〇パーセントの働きをして、やっと一人前と評価されるのだ、との先輩の言葉を大切にしてきた。そして、市会議員のときも県会議員のときも市長のときも国会議員となっても、少なくとも私はそういう志を持って、与えられた仕事に全力で取り組んできたし、これからもその覚悟は変わらない。また、そうした姿勢が評価されて、これまで政治家としてのステージが上がる折に、「菅家でいいんじゃないか。これは菅家に託してみよう」という、皆さんの声を頂戴できたもの、と受け止めさせていただいている。やはり先輩のアドバイスは有り難い。

## 幹部の不祥事を機に、ガラス張りの市政に転換

市長就任時の「市民の税金を一銭も無駄にしない」という誓いと並び、私が政治家になってから第一に信条としていることは、「人の命を大切に、決しておろそかにしてはならない」ということである。市長三期目のとき、市の消防の若いレスキュー隊員が――何か個人的な事情が原因だったと思うが――自ら命を絶った。弔問に訪れた私は、お焼香をしご冥福を祈った後、仏壇に向かって、最後の訓示のつもりで、「本来なら人びとの命を守るために働くべき君が、自ら命を絶ってしまったのは誠に遺憾である。しかし、こうなったら冥界から市民の命を守ってくれ!」と語りかけたのである。その後一年間、会津若松市では火災による逃げ遅れの死者を一人も出すことがなかった。私は不思議な仏縁を感じ、当時の鈴木新一郎消防長を誘い、レスキュー隊員の墓詣りをした。ご両親もご一緒で、涙を浮かべ謝辞を申されたのが忘れられ

ない。すると翌年、さらに三年目の一二月まで、会津若松市では火災による死者が出ることはなかったのである。そして市の消防団は、福島県下で最も優れた消防団に贈られる賞である「金バレン」（福島民報社主宰）を受賞することとなった。ささやかな事柄かもしれないが、消防団の士気高揚のきっかけとなり、自分の「人の命を守る」という政治家としてのその後の姿勢を定めてくれたエピソードとして、ここに記しておきたい。

さて、市長になってからの最初の大きな課題が、大戸町の闇川《くらかわ》地区の改修工事についての住民の調査請求に応えることだった。これは前職の時代に税金が投入されて行われた工事だが、これに不正があったということで、百条委員会まで開かれることになった。役所の中でも調査委員会をつくって徹底的な調査・検証を行った。その結果、実際に不適切な支出がなされていたことが明らかとなり、前職時代からの助役・収入役が責任を取って辞任、不適正支出の補塡は、部長職以上の給与を減額して充てることにした。これにはＯＢも含め責任を分かちあっていただいた。市長である私は、一年間、給与を半額に減額する措置を行った。

ただし、この請求案件は必ずしも民主的な手続きで行われたものでなく、かなり威嚇的な要求に担当職員が屈してしまった側面があった。そこでそれ以来私の市政下では、職員が暴力的・威嚇的環境で誤った対応をすることのないよう、組織的にガラス張りの環境の中で運営するよう改革に努めることにした。これは一年目の暮れのことで、年明けの来年度予算を審議する一番重要な議会は、助役・収入役が退職されていたので、両役不在のまま行われることになり、部長職の人たちと力を合わせて大変な苦労をして乗り切ることができた。

これは市長として大きな試練であった。やはり、市民が大変な思いをして納めてくれた税金を不正利用することは、絶対見逃すわけには行かない。自分が会社員時代、事業をやっていた時代のことを思い起こすと、いっそうその思いが強い。私が最初に市長になったときの訓示は、やはり「市民が大変な思いをされて払ってくださった税というものは一円たりとも無駄にすることは許されない。その上に立ち、市民の生活、安全・安心を守ることに努めるのである」ということであった。だから私は、この問題が明らかになった以上、徹底した調査を行って説明責任を果たすことが任務である、と腹を決め、何とか解決に導いたのだった。

市長としてのもう一つの難題は、極めて厳しい財政状態のもとで市政を受け継いだことである。頼みの綱の財政調整基金も底をついていて、年間予算案を組むには、常時一二億～一三億円足りない状態だった。私の就任前から市の財政はずっと慢性赤字状態だったのである。これを何とか改革しないと、市民のための安心・安全・快適な市政運営などとても望めない。まずやるべきことはいかに現在の財政規模を見直し、支出を圧縮していくか、徹底した行財政改革を行うか、だった。これは、市民に負担を強いることになるので本当に辛い仕事であった。市民の方に新たに負担をいただいたり、あるいは補助金の減額をお願いするしかない。政治家としてキビシイ選択である。そこで私は、自ら一五パーセントの減給を自分に課した。職員も部長職、管理職、一般の職員も含めて給与の減額を行った。自ら身を切らないでひと様にお願いするわけには行かない。こうして聖域なき行財政改革の断行に踏み切った。

補助金の減額、市負担金の見直し、入札制度の一般競争入札への転換、ごみ収集業務などの民間への委託、職員は少数精鋭主義で行くということで、退職職員の不補充策――たとえば一〇〇人の退職があったとき八〇人の補充にとどめるといった――を行った。これまで出していた補助金を減額するなど市民にかなり負担を強いたので、非常に厳しいご批判の声をいただいたのも事実であるが、当時は泣いて馬謖《ばしょく》を斬る思いで、ひたすら改革の先頭に立った。

借金をいかに減らすか、ということについては、たとえば負債総額の元金返済額が一〇〇億円の場合、新たに借りる額を八〇億円にするなど、元金返済額以下に抑える、というように毎年毎年減額していくように努めた。予算は一円たりとも無駄にしない、当初予算を年度内に使い切りにしないで、なるべく翌年度に残す、決算剰余金を生み出していく――などの効率的な行財政運営に取り組んだ結果、その当時の金で決算剰余金一二億〜一三億円生み出すことができた。これを財政調整基金に積んでいく。こうして四年の間に何とか健全財政体質をつくることができた。

それとともに、市政のガラス張り化に努めた。予算編成をする前には、市長の政策的な考え方を市民の方々に分かってもらえるよう、ネット上で公開するようにした。会津若松市にとって、今どんな政策課題のニーズが低いか高いかは、行政評価システムによって客観的に評価される。私はこのシステムを導入して、課題を一つ一つ組織的に評価をして、判断基準の高いものを優先して政策課題とし、それをネットで公開するようにした。市民の皆さんがそれを見て意見を出してくれる。そうしたものを踏まえて、議会に予算案を提出し審議に臨むようにした。

## 山積みする政策課題を合併で解決

また、今までの市政の中で積み残されてきた、解決をしなければならない課題がいくつかあった。生涯学習センターの整備・運営、運動公園や給食支援センターの整備、コミュニティーセンター事業の今後の展開方針、旧くなった学校施設の建て替え等々、課題山積であった。ところが前述したように予算が圧倒的に足りない。しかし、頭を抱えているわけには行かない。

当時、国が音頭を取って、平成七年の合併特例法に始まる「平成の大合併」が進められていた。私は、今までの行政課題を解決するためには、合併における国からの補助金や、合併特例債を活用する方法しかないと考えた。それで以前から話が持ち上がっていた北会津村との合併話を具体的に推進するために、同村の庄條徳一村長との間で合併協議に精力的に取り組んだ。会津若松市と北会津村との間には阿賀川が流れており、これが自然の要害になって、これまで、

佐藤栄佐久福島県知事と。北海道・利尻島で

二つの自治体は距離は近いのに分断されていた。そこで、合併により、県に新しい橋梁の建設を求めることを共通目標に掲げた。昔からある古い橋では、車両などの大量交通ができず、ヒト、モノ、経済の交流が進まない。新橋梁建設により、二自治体は本当に一つに結ばれ、優良・健全な自治体となることができる、という旗印を高く掲げたのである。

この共通目標の実現のために、私どもは県に働きかけた。平成一四年から一五年にかけてのことである。当時の福島県知事は佐藤栄佐久知事だった。佐藤さんはゴルフ好きな方なので、県知事と話す機会をつくるためにしばしばゴルフ陳情に及んだ。当方もゴルフは好きだが下手くそである、しかしとにかく一所懸命ラウンドのお供をした。ラウンド仲間から「パターのときぐらい少し黙っていてくれないか」とか、「君、別の組じゃないの?」などと言われながら、「いやとにかく知事と一緒に回らせてください」と、めげずに手よりも口を動かしながらグリーンを回った。目的はゴルフをすることでなく、両自治体の合併がいかに緊要課題であるかを知事に認識してもらい、県の案件として取り上げてくれるように要望することにある。一五年の暮の「ゴルフ陳情」では、とうとう知事も根負けをして、「じゃあ、正月明けに県庁で待っているからそのときゆっくり話そう」と言ってくれた。

年が明けて私は、北会津の庄條村長と一緒に県庁を訪問した。そして、「両自治体合併のために、新橋梁建設をぜひ県で実現してほしい。この橋梁ができなかったら合併は困難だ」と率直に切り出した。こちらは村と市の存亡がかかっているので、必死の談判である。しかし新橋梁の建設となると莫大な予算がかかる。知事は相当悩んでおられるようであった。我々の訪問の持ち時間は一五分。知事は言葉を発せず、じっと腕組みをしたまま。刻々と持ち時間は過ぎていく。とうとう痺れをきらした私は、「殿、ご決断を‼」と叫んでしまった。すると知事は腕組みをほどいて顔を挙げ、「分かった！　県として新橋梁建設を前向きに検討しよう」と言ってくれた。私は「やった！」と小踊りする思いで隣の庄條さんを見やると、笑顔の中の眼が潤んで見えた。県の決定を背景に、北会津村で行われた合併についての住民投票は賛成が多数を占め、同時に行われた村長選でも、現職の庄條さんが当選した。これで住民からは合併へのお墨付きを得たこととなった。

次は、両議会で合併に関する諸議案の承認を得なければならない。ところが、北会津村ではすべての議案が可決されたものの、会津若松市では一部議案が否決される事態になった。合併後の議員定数の問題（この議案だけは無記名投票によって採否を採った）である。合併話は、えてして議員定数の問題でこじれることが多いが、やはりここで引っかかってしまった。この時点で合併事案はご破算の危機に立ったのだが、私はここであきらめてはならない、という固い決意で巻き返しを図った。折から、合併推進派の商工会議所や各町内会などは挙《こぞ》って議会のエゴイズムに対して批判の声を挙げていた。私はこれに力を得て、議員やその関係者一人ひとりに会い、会津若松市政の停滞打破、課題解決には両市村の合併しかない、と説得に説得を重ねた。否決された議案が無記名投票であったのが、かえって幸いした。こちらは各議員が反対派なのか賛成派なのか知らない白紙状態で（たとえ知っていたとしても知らない振りをして）話に行くことができる。また、反対派だった人も、「転向」したことを人に知られずに賛成派に回りやすい、これは、説得できる、再提案できる、と直感していた。

私は、「合併案は市長の功名を求めてやるのではない、これからの会津地域の発展、若い人たちの将来に必ず大きなメリットがある」と、必死に議員さんたちの説得に当たった。これが功を奏して、多くの議員さんがご理解を示してくれ、「これだったら大丈夫」と確信を持つことができた。ただ、普通だったら否決された議案は若干でも修正して提出するものであるが、北会津村ではすでに議決しているので。当市でも前議案と同じ議案を再提出せざるを得なかった。政治家人生の中でいくつかのエポックはあるが、あの、一度は否決された議案が、非常に苦しい思いをしながら、あきらめないで取り組んできた結果、修正なしで可決されたときの感動は、もしや再否決されるのではという不安もあっただけに、その中でも忘れられない瞬間となった。

こうしてめでたく、平成一六年一一月一日、会津若松市と北会津村の合併は成就し、結果として「平成の大合併」下における福島県下第一号の合併として記録されることとなった。市長第二期目の大仕事であった。

## 全国初の「ご当地ナンバー制度」の適用

もう一つ、会津若松の市長は、全会津地域の市町村の首長と議会議長で構成される、会津地域の重要な課題について国政に働きかける陳情団の団長という役割を担っている。名称は「全会津総合開発協議会」である。私のときは車のナンバープレートの名称追加という課題があった。これまで福島県には「福島」ナンバーと「いわき」ナンバーしかなかったが、そこに「会津」ナンバーを加えてくれ、という要請である。そこで私は協議会の団長として国土交通省と掛け合うことになった。ところが出て来たお役人が、「会津地域には陸運局がありますか?」と聞くので、「ありません」と言うと、「陸運局がないところにはナンバーは出せないんですよ」と言う。さらに、「郡山と会津の車の台数はどちらが多いですか?」と聞いてくる。「さあ、

友好都市サイパン島を訪問、トデラ市長と記念植樹。後方に建つのは第一次大戦後に同島やテニアン島を拠点に製糖業を成功させ、さらに南洋諸島で諸事業を展開し、「シュガーキング」と呼ばれた、会津若松出身の松江春次の銅像だ

やはり郡山の方が多いんじゃないでしょうか」。すると、「郡山ナンバーがないのに会津ナンバーは出せないでしょう」ということで門前払いになった。それでまた翌年陳情に行くと、また同じことを言われて追い返される。毎年陳情を繰り返しても一向にラチが明かない。これは厳しいなと思ったが、あきらめたら終わりである。

とにかく陳情を続けようと意を決して頑張っているうちに、国交省に新しい動きが出てきて、「ご当地ナンバー制度」というのをつくろうということになった。我々の陳情のせいだけとは言わないが、国の方が変わったのである。

そして、今までの基準に合わない地域に適用される新制度の候補地の一つとして、会津もノミネートされたのである。まず、ヒアリング調査をやるというので、国交省の委員会に呼ばれて必要性を訴えることになった。市の担当職員が私のところに来て、「市長、今日はどのようなプレゼンをやるおつもりですか?」と聞く。「とにかく、会津の観光振興に生かしたいということを訴えようと思う」と言うと、その職員は、「それは良くないです」と言う。「なぜだ?」と問うと、「会津のアイデンティティを会津ナンバーによってしっかりと確立したいということをアピールしたらどうでしょう」とアドバイスしてくれた。「そうか、アイデンティティだ! 会津人としての一体感を守りたいという強い思いを訴えるべきだ」と思った私は、国交省に赴いて、「会津地域の市町村に住んでいる人びとは、喜多方であろうと猪苗代であろうと南会津の田島地区だろうと、どこでも皆、自分たちは会津人だという意識を強く持っている」、「若松ナンバーや喜多方ナンバーでなく、会津ナンバーであることが大事なんだ」と、会津人のアイデンティティとしての会津ナンバーの実現を訴えた。その職員は赤松由美子という名だが、私は優秀な職員に恵まれたと感謝している。

私らの訴えは国交省の委員会の人びとに極めて印象がよく、手ごたえがあったという報告をそのすぐ後、私は聞いた。これを受け、国交省の担当部局と詰めの話をすることになった。国交省から招請があり出向くと、担当の役人は、「ところで市長、調査データを見ると、一〇パーセントの人が『会津ナンバー』は田舎っぽくて嫌だと答えているが、どうなんですか?」と、細かいところを突いてきた。そこで私は、「一〇パーセントの若い人たちがそういう意見を持っていることは承知している。だからこそ、会津人としての自信と誇りを持ってもらうことが大事なんです。そのためにこそ会津ナンバーが必要なんです」と強調した。これが最終的に理解され、会津ナンバーの適用が決定した。当時衆議院副議長だった渡部恒三先生のご支援も忘れることはできない。

「会津ナンバー」は今当たり前のように地域を走っているが、この事案は、会津人としての自信と誇りを持って、会津のアイデンティティを守るということが出発点だったから、これをきっかけに会津が一体となる機運が盛り上がっていったのは有り難いことであった。第一期、二期、三期と振り返ってみると、いろいろ困難な事案にぶつかった。行財政改革のときも、北会津との合併事案のときも、今回の「会津ナンバー」問題のときも、もうダメかと思ったことがしばしばあった。しかし、会津地域の振興と、全会津のアイデンティティの盛り上げのために、決してあきらめずに情熱を持って最善をつくしたことが、最後の成果につながったのだと、つくづく考えている。こうして、「会津ナンバー」が制度適用の第一号になったのである。

## 西山温泉「お風呂会議」から生まれたもの

ＪＲ東日本のディスティネーションキャンペーンとの提携も市長時代の大きな仕事であった。私は在任中、ＪＲ東日本本社とは緊密に連携をとっていて、当時の清水慎一仙台支社長とは、温泉に一緒に行ったりして、「ハダカの付き合い」をさせていただいた。

前にも触れたが、私の母親の実家は柳津町の西山温泉にある。ここには立派なホテルなどはなく、みんな木造旅館ばかりの小さな古い温泉町だが、他と違うこの温泉独自の魅力がある。それは、ここは旅館ごとに温泉の質が違う、効能が違う、というところだ。つまり旅館ごとにそれぞれ源泉を持っている、ということである。田舎の温泉だが実に贅沢な話だ。たとえば中野屋温泉などは、母屋にある風呂と離れの風呂、そして露天風呂のそれぞれの温泉が皆異なっている。市長時代、この西山温泉の中野屋で、正月明けに当時のJR東日本の仙台支社長や、NHKの福島放送局長、会津大学の副学長、柳津町長の皆さんと一緒に、「お風呂会議」をやるのが例年習わしになっていた。これが母体になって、会津若松市の観光や経済振興につながる政策がずいぶん生まれた。

私が市長をやっていた一二年間に、会津に関係したり、会津を撮影場所に使ったNHKの大河ドラマが、「新選組！」「天地人」「風林火山」「八重の桜」、と四つも誕生した。特に、三期目のときに放映が決定した「八重の桜」は、会津が全国に広く知られるきっかけとなり、地元の観光、商業が活性化し、市民も大いに盛り上がった。

テレビCMでおなじみのJRの「ディスティネーションキャンペーン」は、JR全国六社が共通して、地域の観光・経済振興策と提携して力を入れている主力政策である。平成一六年の

「ハンサムウーマン八重と会津博　大河ドラマ館」のオープニングで（2013年1月）

ある日、ＪＲ東日本仙台支社長の清水慎一さんから電話があった。何だろうと思って電話に出ると、「来年は御市でディスティネーションキャンペーンやりたいと思うんだが、どうですかねえ」という打診の電話である。懇意にしている清水支社長からの話であるから、「清水さんがおっしゃる話であれば、こちらは一も二もない。大歓迎します。全会津を挙げて協力します」と承諾した。

ところが、会津地域の首長さんたちに話を持っていくと、最初は「ディスティネーションキャンペーンって何ですか？」と、チンプンカンプンな反応だった。実は、このＪＲのディスティネーションキャンペーンは、本来は県とかそれ以上の広いエリアを対象としたキャンペーンである。一地域を対象としたものとしては、「京都ディスティネーションキャンペーン」以来、初の、会津地方限定のキャンペーンだった。そこに、大きな意義がある。最終的には、ＪＲのキャンペーンの目的と、会津の地域振興にとっての大きな意義を皆さんにご理解いただき、全会津挙げて、キャンペーンに取り組むことになった。

## 「鶴ヶ城の会津」から「仏都会津」への大転換戦略

早速私は、市の担当部局に本キャンペーンのテーマについて考案するように命じた。当時、県の観光キャッチフレーズは、「すぐそこ福島」というものだったので、吉田秀一観光課長は、「すぐそこ会津」というのはどうですか、と持ってきた。「全く同じというのは芸がないし面白くない。もっとオリジナルなものを考えるように」と、私は差し戻すことにした。そして、彼らが苦労して知恵を出し合って生まれたのが、「会津——まだあったんです。極上の日本が」というものだった。正直私はこのキャッチに痺れた。「よし、これで行こう！　このテーマでみんなでディスティネーションキャンペーンをやろう」ということになった。イメージキャラクターには、当時の観光物産協会の職員がつくった、会津の有名な民芸品「赤べこ」から発想した「あかべぇ」が採用され、これも人気を呼び、以後の会津の観光戦略のキー・キャラクターとして定着した。ＪＲ東日本では、会津のディスティネーションキャンペーンの直前に、ＪＲの車内雑誌『トランヴェール』で、「仏の都——仏都会津」という特集をやってくれた。最澄上人との宗学論争で知る人ぞ知る八世紀の高僧・徳一《とくいつ》聖人とゆかりの恵日寺《えにち》（磐梯町在）を中心に、古代・中世に会津を中心に栄えた仏教文化の豊かさ——会津地域には、勝常寺の国宝

江戸時代、半農半宿の宿場として栄えた大内宿（会津西街道）

薬師三尊などを始め古い歴史を持つ寺社仏閣や宗教芸術が多い――に光を当て、「仏都会津」を売り込むものだった。この特集号は、これまでの『トランヴェール』の中で一番持ち帰り数が多かったと、聞いたことがある。

今までは、会津の観光と言えば、鶴ヶ城、飯盛山というのが眼玉だったが、これをきっかけに、会津の観光戦略が「仏都会津」に流れが変わったと言っていいだろう。それほど、この『トランヴェール』特集に始まる、「仏都会津」を謳うJR東日本のディスティネーションキャンペーンの影響は大きかった。

このキャンペーンでは、西会津の大山祇《おおやまづみ》神社や如法《にょほう》寺鳥追観音、大内宿など多くの名所旧跡にスポットが当たることになったが、一番多くの集客をあげたところは、『トランヴェール』

熊野神社の長床（国の重要文化財）

の表紙を飾った喜多方の熊野神社の長床《ながとこ》だった。長床は藤原時代の貴族の住宅建築である寝殿造りの主殿の形式の建築物だが、熊野神社の拝殿として建てられたもので、四四本の太い柱に茅葺寄棟造り、周りには壁も扉もない吹き抜けの壮大な建物で、極めて貴重な建築物として、国の重要文化財になっている。樹齢八〇〇年というご神木の大銀杏が四季折々に彩る景観は実に見事なものだ。

## 「フィルムコミッション」事業の成果

私は、特に観光政策においては、行政だけでなくやはりＪＲあるいはＮＨＫとの連携を組むことが極めて重要だと思っている。私の市長時代に始めた「フィルムコミッション」事業というものがある。これは、テレビドラマや映画を撮影するために、自治体が制作者側と提携協定を結び、撮影場所の提供とか、道路の使用や占用許可などについて、協力する制度である。この制度で、会津では年間四〇～五〇本の撮影が行われた。会津若松の市庁舎は、昭和一二年に造られた古い建物で、よく警察署としてドラマの撮影に提供された。その他いろいろな箇所で撮影が行われたが、私が会長として、制作後援会としてもつながっていることもあり、関係機関への調整を行って建物や道路・広場などの使用許可、場合によってはエキストラの募集に観光課が協力するなど、便宜を図った。宿泊場所や飲食場所についても、行政が関係施設に働きかけ、協力を求めることもした。

こうした観光振興策も市の仕事の一環であるから、一円たりとも税金を無駄にしないで費用対効果を生み出していかなければならない。その点、「フィルムコミッション」事業は、行政が費用を負担するのではないから、必ず一定の費用対効果を生んでくれる。とりわけNHKと組んだ大河ドラマの舞台となると、費用対効果が大変大きかった。毎年九月下旬に行われる「会津祭り」には、その時々の大河ドラマの主演俳優や女優さんがゲストで参加してくださり、多くの市民・観光客の皆さんで賑わって喜んでいただいた。特に、三期目のときに関わったNHKの大河ドラマ「八重の桜」は、放映されると会津一円が大いに盛り上がり、大きな観光振興・経済効果を生み出してくれた。これも市長時代の忘れ得ぬひとコマである。

# 第5章　転機となった東日本大震災

## 三・一一の衝撃と迅速な災害対策本部の設置

平成二二年の春、市長三期目に入ってしばらくして、自民党会津若松支部から、次の衆議院選に自民党公認候補としてぜひ出馬を、との要請をいただいた。

会津若松市の過去の市長さんたちの例を見てみると、先輩方は皆さん三期目というのが一つの節目で、四期は長いとして、後進に道を譲るというのが不文律のようになっていた。私は、四期目も継続して市長を続け、やり残した課題を完遂するか、後進に道を拓いて自分は衆議院を目指すべきか、分岐点に立って大きな決断を迫られた。ずいぶん悩みもし、支持者・後援会の皆さんといろいろ相談した結果、衆議院選に挑戦しようということになり、平成二二年の一二月の市議会で、正式に三期（翌年の四月）で退任するという決意をした旨、表明させていただいた。

そして、年が明けて、積み残した仕事の解決や、後任市長への交代の準備をしていたさ中、三月一一日、忘れもしない東日本大震災が発生した。

その日、私は次期市長選の応援のために、現市長の室井照平さんとともに、ある会社に挨拶回りに行っていた。その後家に用事があっていったん戻り、玄関を出て鍵を閉めようとしているときに、携帯電話が鳴った。着信音と違うけたたましい音である。地震の緊急警報だった。

携帯電話の緊急警報は初めての経験である。これは大変だ、すぐに目と鼻の先にある市庁舎に戻らなければと思ったが、それからものすごい揺れが始まった。頭上から何か落ちてこないか確認しつつ、咄嗟に家の前の駐車場の入口の赤白のポールに掴まって身体を支えた。地面が波打つように揺れている。市役所の庁舎は古い建物なので大丈夫か、公共施設やインフラは、菅家ビルはどうだろう……と走馬灯のように思いが駈け廻る。

そうこうするうちに揺れは収まってきた。とりあえず、目の前にある市庁舎は大丈夫だったし、菅家ビルもほとんど被害はなかった。そんな中、前方の役所の建物から大勢の職員が避難のために続々と外へ出てきた。そこでみんなと合流すると、ちょうど部長たちが集まっていたので、私はその場で災害対策本部の設置を命じ、二二年度の予算でつくっていた公民館と図書館の複合施設（現会津稽古堂）を本部施設に決めた。旧庁舎と違い余震が来ても被災の心配をすることなく、安心して仕事に取り組むことができた。後で調べたら地震の五分後には災害対策本部を立ち上げており、おそらく自治体の中でも最も早い対応だったのではないだろうか。この二二年度予算では、鶴ヶ城の瓦の葺き替え、壁の塗り替えなどの補修工事に取り組んできた。そのために鶴ヶ城も甚大な被害は免れた。そしてそれが、平成二五年のＮＨＫ大河ドラマ「八重の桜」の実現につながることになる。

# 東日本大震災で結ばれた大熊町との縁

東北地方は大津波によって大変な被害を被り、多くの方々が犠牲となった。私は急遽会津地域の災害対策本部長として、対応に当たることになった。

会津若松市も地震被害は被ったものの、幸い、早急に電気・ガスの復旧、給水、道路の補修など災害復旧に当たることができた。しかし、福島県の浜通りの被害は甚大で、原発の建屋が爆発し放射性物質が飛び散り放射能汚染されるなど我が国が経験したことのない大事故となった。そのため周辺の地域自治体の多くの方々が強制避難を強いられ、我が会津若松市も多くの被災移住者を受け入れることになった。

当市には、大熊町の渡辺利綱町長さんから受け入れの要請があった。町長さんと教育長さんが市長室にお見えになり、第一番目に要請されたことは、「当町の幼稚園や小中学校の生徒たちが進級・卒業・進学する四月を迎えるに当たり、皆がバラバラになることなく、最後まで共に学ばせ無事に送り出したい。そこで、当町の幼稚園、小学校、中学校をまとめて移設したいのだが、何とか御市の施設をお貸し願えないだろうか」というものだった。

私は、まず第一に子どもたちのことを思う町長さんの姿勢にいたく感銘を受けた。会津には今から一五〇年前の戊辰戦争で家を焼かれおびただしい死傷者を出し、生き残った人びともバラバラになり、斗南藩《となみ》（現在の下北半島・むつ市）に移住するなど塗炭の苦しみを味わった経験がある。そのときも、会津の士民は、教科書だけは持参し、斗南にも日新館をつくるなど、教育を大事にしたという歴史がある。私の脳裏にその歴史が蘇ってきた。私は、「これは、大熊町の要請にしっかり応えてあげなければ！」と決意し、会津若松の星憲隆教育長さんに大熊町に当市の教育施設で使用可能なところは、優先的に便宜を図ってくれるよう要請した。

大熊町役場会津若松出張所開所式で渡辺大熊町長と（2011年4月5日）

　会津若松市は北会津村との最初の合併の後、河東町との合併を行った。その際、河東町に三つあった小学校が新しく「河東学園小学校」一校に統合され、以前の三つの第一、第二、第三小学校のうち、専門学校として使用されていた第二小学校以外の校舎が使われないままに残っていたため、早速そこを提供することにした。大熊町では第三小学校の校舎を小学校と中学校用に充てる予定だった。しかし、大熊町の大半の町民の方が会津若松市に避難されたため、その校舎は、小学校の分で一杯になってしまった。そこで中学校は、大熊町の庁舎用に用意されていたお城に隣接する旧県立高校の建物の二、三階部分を提供することにした。最初は、県立高校の校舎は広いので、大熊町役場のある二、三階に小・中両方を一緒に入れるのが望ましいのではないかと提案したのだが、文科省としては階段の高さが小学生の身体に合わないので、小学校施設として使用することは許可できないということから、小・中を別々の校舎に割り振ることになったのである。また、小学校の近くに旧河東町の保育園舎がそっくり空いていたので、そこを大熊町の幼稚園に充てることになった。

実は、大熊町とは不思議なご縁がある。たまたま私の妹が大熊町に嫁いでいたのだ。そして震災後すぐに妹夫婦家族が会津に避難先を頼ってきており、あの辺りの実情はそれなりに分かっているつもりだった。それで私は、最初に市長室に大熊町長を迎えたとき、当然大熊町の町民を受け入れてくれ、という要請かと考え、そのつもりでお待ちしていた。ところが、第一声が、「子どもたちを守ってくれ」だった。あのときの町長さんと教育長さんの判断には感服し、今でも高く評価していて、政治家として勉強させていただいたと思っている。

結果として、子どもたちだけでなく、子どもたちの学校の拠点が会津にできたことで、多くの町民――子どもたちも含め全部で七〇〇〇人を超える――の方々も移住して来られ、大熊町の幼稚園生、小学生、中学生を守り育てるプロジェクトが、新たに会津若松市でスタートすることになった。

そして、当市には大熊町の役場も移設、つまり大熊町そのものが移住してくることになり、「子どもたちを守り育てるプロジェクト」が、結果として、大熊町町民を守るプロジェクトになったのである。

大熊町立幼稚園小中学校合同入園・入学式で挨拶（2011年4月16日）

不思議なことに大熊町が選んだ移設地が大和田で、その隣が熊野堂、二つ合わせると「大熊」である。将来の大熊町を担う子どもたちを守る施設が、「大熊」というところに移って来ることになったのである。これも不思議な縁である。

大熊町の子どもたちの入学式・進級式は、会津若松市の文化センターを使って行った。幼稚園の卒園式・入園式、小・中学校の卒業式・入学式・進級式と、合同で行われたセレモニーに来賓として出席した私は、逆境にめげず元気で進級・卒業する生徒たちの姿を目の当たりにして感動した。

そして、この子どもたちが未来の大熊町を守ってくれる、と確信をした。やはり、どういう状況にあっても、子どもたちをいかに守っていくかということが、政治の原点であると改めて感じたのである。

東日本大震災のときの災害対策本部長として、あの混乱と激動の中で働くことができたことは、私の政治家人生の中でも特に大きく、重みのある経験となったのであった。

## 会津を舞台にした「八重の桜」大河ドラマに決定

本来であれば、その年の四月が私の任期満了・退任の予定だったが、国の要請（方針）で特例として任期が延長されることになり、八月六日まで市長を務めることになった。県議会の選挙もその年の春に行われる予定だったが、これも特例として一一月に延期されることになったのである。

任期が終わる少し前の六月一二日のこと、京都で「京都会津会」の総会が開催され、会津藩士殉難慰霊祭が会津藩士の墓地がある金戒光明寺《こんかいこうみょうじ》の西雲院《さいうんいん》で行われるということで、私も市長として参列した。京都会津会の会長、会津若松市の商工会議所会頭、会津若松の会津会の理事長、十四代松平保久さんなど錚々たる方々が見えていて総会前に歓談していたのだが、商工会議所会頭の宮森泰弘さんが、その日の『朝日新聞』の朝刊を持って来られていて、平成二五年のＮＨＫ大河ドラマが、会津をテーマにした「八重の桜」に決まったという記事を見せてくれた。それを見て、皆びっくり。もちろん会津が主要な舞台になるのだが、まさに今いるこの京都にある同志社大学も主要な舞台の一つである。その中で会津戦争の歴史が取り上げられる。年に一回の「京都会津会」が開かれるその日に、会津藩士の菩提寺である西雲院で総会・法要が営まれる直前に、「八重の桜」決定のニュースが飛び込んできたのである。私は鳥肌が立つ思いがした。

早速ＮＨＫの内藤慎介エグゼクティブ・プロデューサーに電話をかけ、お礼を申し述べた。そうすると、報道はＮＨＫの正式な発表ではなく、『朝日新聞』の独自取材によるものであり、「まだ正式な決定ではありません」とのこと。いずれにせよ、天下の朝日のスクープであるので、ガセネタであるわけがない。しかも、この記念すべき日に合わせたように記事になったのには実に不思議な縁を感じざるを得なかった。内藤プロデューサーは、もともと二五年度の大河ドラマづくりを任されていたわけだが、三・一一の大震災を経て、どのような大河ドラマをつくるべきか改めて考えたとき、やはり前から温めていた「会津」「戊辰」のことが、大震災とダブルイメージのように想起され、「会津、東北、頑張ろう」という思いが、「八重の桜」に結びついたのではないだろうか。私は彼との話の中でそのように感じた。

そうした中で周りの人間や多くの市民の方から、「菅家さん、こうなると市長を辞めるわけにいかんでしょう!!」という声が盛り上がってきた。しかし私は、一度辞任を決めていたことだから、「八重の桜」決定を花道に、八月の任期満了を以って、後任候補者も決め、市長を辞することにした。

## 市民の支持を得た異例の鶴ヶ城ライトアップ

ところで、会津鶴ヶ城の桜は毎年四月の中旬から下旬にかけて満開になり、大勢の観桜客で賑いを見せる。それで毎年この時期、お城の夜桜をライトアップして皆さんに喜んでいただいていた。「さて、今年はどうしようかな」ということになった。なにせ、三月の大震災に伴う原発事故で、エネルギー危機が叫ばれている折である。当然、「電力を無駄にしていいのか?」という慎重論が高まっていた。その年は、東京都も夜桜のライトアップを中止している。しかし私は、悩んだ結果、「桜は会津人にとって、辛い冬を乗り越え、待ち焦がれる希望のシンボルだ。これは大熊町の人たちにとっても同じではないか。やっぱり、当市に避難されている方々に希望を与えたい」と考え、非難は一切私が引き受けることにし、担当部局に実施の指示を出した。ただ、東北電力の電気をなるべく使わないようにするため、自家発電機を用意し、日程も通常の一週間から二、三日に短縮してライトアップの実施に踏み切った。

こうして二三年の春も実現した鶴ヶ城のライトアップに、避難されていた大熊町の人びとは大変喜んでくださった。桜祭りの挨拶で私は、戊辰戦争で被った会津の苦難の歴史――会津白

ライトアップされた鶴ヶ城と桜の花

虎隊をはじめ多くの犠牲者を出し、家々が焼かれ、一族が散り散りになり見知らぬ北辺の斗南藩に移住を余儀なくされた話など――をお話しした。そして「しかし、会津は打ちのめされても必ず蘇ってきました。そのシンボルが桜であり、鶴ヶ城です。我々会津人は、その苦難の歴史を忘れず、今こそ大震災で苦しみ当市に避難されておられる方々をしっかりお支えし、お守りしたい。どうか皆さん、希望を夢を失わずに、あきらめずに、ともに被災地復興に頑張ろうじゃありませんか」と付け加えたのである。

すると、「いゃあ、市長、有り難う！　明日もまたライトアップをやってくれ、続けてくれよ」という声があちこちで上がり、ライトアップは何日か延長することになった。結果的にこのイベントは例年以上に盛り上がり、それに関する非難、抗議の声は一切出なかったのである。

# 資料Ⅰ　会津若松市長時代の主な年譜

| | | | |
|---|---|---|---|
| 1999年 | 平成11年 | 4月1日 | 市制100周年 |
| | | | 湊小学校開校 |
| | | | 会津大学大学院開設（博士過程） |
| | | 4月29日 | 磐越西線　SL（C57）定期運行開始 |
| 2000年 | 平成12年 | 4月 | 財団法人　会津若松市中小企業勤労者福祉サービスセンター事業開始 |
| | | 12月5日 | 史跡若松城跡　干飯櫓・南走長屋復元工事竣工 |
| 2001年 | 平成13年 | 1月21日 | 湊公民館が開所 |
| | | 2月9日 | ISO14001認証取得 |
| | | 4月1日 | 史跡若松城跡　干飯櫓・南走長屋復元オープン |
| | | 7月1日 | まちなか周遊バス「ハイカラさん」運行開始 |
| | | 10月1日 | 磐越自動車道（会津若松～郡山）4車線開通 |
| 2002年 | 平成14年 | 2月5日 | AOIカードサービス開始 |
| | | 3月 | 長期総合計画「会津まちづくり物語」策定 |
| | | 8月5日 | 住基ネットワーク開始 |
| | | 10月19日 | ねんりんピック開催（21日まで） |
| 2003年 | 平成15年 | 4月1日 | 小金井小学校開校 |
| 2004年 | 平成16年 | 11月1日 | 北会津郡北会津村を編入合併 |
| | | 11月4日 | 伝統的工芸品全国大会開催（7日まで） |
| 2005年 | 平成17年 | 11月1日 | 河沼郡河東町を編入合併 |

| 西暦 | 和暦 | 月日 | 事項 |
|---|---|---|---|
| 2006年 | 平成18年 | 10月10日 | 会津ナンバー誕生 |
| | | 12月26日 | 第6次会津若松市長期総合計画策定 |
| 2007年 | 平成19年 | 2月8日 | ゆきみらい2007in会津開催 |
| | | 4月1日 | 河東学園小学校開校 |
| | | | 県内初の併設型中高一貫教育校　県立会津学鳳中学校・高等学校開校 |
| | | 5月2日 | コミュニティプール開館 |
| | | 8月～10月 | まちなか歩キメです！～歩いて暮らせる会津若松地区社会実験事業～ |
| 2008年 | 平成20年 | 2月 | 会津エンジン03開催 |
| | | 3月31日 | 株式会社会津リエゾンオフィス解散 |
| | | 4月 | 戊辰140周年記念事業開幕 |
| | | 4月1日 | 鶴城コミュニティセンター開所 |
| | | 6月23日 | 会津若松市議会基本条例・会津若松市議会議員政治倫理条例施行 |
| | | 8月 | 「水季の里」127区画完売 |
| | | 10月1日 | 河東地域コミュニティバス「みなづる号」運行開始 |
| 2009年 | 平成21年 | 4月1日 | 城南コミュニティセンター開所 |
| | | | 大塚山納骨堂使用申請開始 |
| | | | 定額給付金支給（～9月30日） |
| | | | 市制施行110周年 |
| | | 10月1日 | 会津能楽堂供用開始 |
| | | 11月30日 | 会津エンジン04開催 |
| | | 12月28日 | AOIカード発行終了 |

| | | | |
|---|---|---|---|
| 2010年 | 平成22年 | 3月19日 | 天守閣再現事業「赤瓦」復元工事着工 |
| | | 3月 | 河東工業団地第一期分譲開始 |
| | | 4月1日 | 謹教コミュニティセンター・夜間救病センター開所 |
| | | 12月25日 | 若松測候所、観測記録上最高値115センチメートルの記録的豪雪 |
| 2011年 | 平成23年 | 1月 | 北会津中学校新校舎開校 |
| | | 2月7日 | 住民票の写し、印鑑登録証明書のコンビニエンスストア発行サービス開始 |
| | | 3月11日 | 午後2時46分三陸沖を震源とするマグニチュード9・0の地震（東北地方太平洋沖地震） 本市震度5強のため地割れ、公共施設・建物の損壊等甚大な被害。市災害対策本部設置。 |
| | | 3月13日 | 福島第1原子力発電所の事故によるスクリーニング（放射能測定）の開始<br>被災者受け入れのための避難所順次開設（あいづ総合体育館、河東総合体育館、ふれあい体育館、北会津中学校） |
| | | 3月27日 | 往時の天守閣再現事業「赤瓦」復元工事竣工オープン |
| | | 4月5日 | 双葉郡大熊町役場機能が追手町第2庁舎（旧県立会津学鳳高校）へ移転<br>大熊町住民の受け入れ開始（東山温泉）<br>大熊町小中学校機能移転（旧河東第三中学校・追手町第2庁舎） |
| | | 4月17日 | 生涯学習総合センター（會津稽古堂）開館 |
| | | 8月7日 | 市長・市議会議員選挙投票日（震災のために統一地方選挙時期から延期） |

# 第6章　ついに国政の舞台へ

## 議員一年生でＪＲ只見線復旧の大仕事に挑む

明けて平成二四年の一〇月、私は衆議院選挙の小選挙区に挑戦し、初当選した。第一回目は大変な選挙だったが、何とか相手候補を上回り当選することができた。

そして、議員になって最初の大仕事が、ＪＲ只見線の復旧事案だった。

一年前の平成二三年の七月、大震災の被害対策、移住者対策にようやくめどがつき市長職の交代の準備を進めていた最中、新潟・福島地方を豪雨禍が襲った。奥会津地方は田子倉ダムの緊急放流によって、只見川が越流し鉄橋が流され、沿道の住戸の多くが浸水・流失し、只見町が孤立するなど、大きな被害を受けた。国の激甚災害の指定を受けた会津地域では、全面的な復興再生対策がスタートし、橋や道路や生活インフラの復旧に急ピッチで取り組んだ。

一番大きな問題は、只見駅―会津川口駅間の鉄橋が流され、ＪＲ只見線が一部不通になってしまったことである。地元からは早く繋いでほしいとの声が強く上がり、国からの補助により再開通を目指す運動が起こってきた。

私は早速、この只見線再開通問題を掲げて国政に臨んだ。残念ながら、当時国の法律によって、鉄道事業者が赤字会社である場合にしか国の補助が出せない制度になっていた。ＪＲ六社のうち、赤字事業者はＪＲ北海道とＪＲ四国、それ以外の四社は黒字であり、黒字のＪＲ東日本の管轄の只見線の復旧事業に国からの財政支援ができない、ということである。走り始めた途端、制度の大きな壁に突き当たってしまった。

しかし、赤字ローカル線が災害でダメージを受けても国から復旧援助が出ない、というのは、鉄道の公共性から見てどう考えてもおかしい。私は、ではこの法律を改正して黒字会社の管轄であっても、激甚災害による被害を受けたローカル線の復旧には国からの援助が出せるようにしよう、と決意した。

初登院。いささか緊張の面持ちも（2012年12月26日）

そこで同志の先生方と「赤字ローカル線の災害復旧を支援する議員連盟」を立ち上げ、鹿児島出身の宮路和明先生に会長になっていただき、私は事務局長として専門家や関連官庁の役人を招いて勉強し、改正案を練り上げ、議員法案提出を目指した。第一関門は自民党内の党内手続きで、特に国土交通部会の了承を取り付けなければならない。しかし、なかなか合意が得られない。「なんだ、地元の只見線のためじゃないか⁉　誰も乗らないローカル線にこんなに金をかけていいのか」とにべもなく言う先生もいた。「JR東日本としての費用対効果から考えれば厳しいね、利用者がいない区間に金をかけても元が取れないのでは」と、経済原則から反対する議員もいた。公共投資への無駄遣い批判が厳しい流れの中で、法案化は入り口で暗礁に乗り上げた。

しかし私は、「これは只見線だけの問題ではない、日本中の赤字ローカル線が同じような被害を受ける可能性がある。地方のローカル線をどう守るかは地方出身議員の大きな課題だ。地元住民の立場に立てば、人口や利用人数の多い少ないという問題ではない。弱い立場の国民の声を汲み取り、寄り添い貢献していくのが議員の務めではないか」との強い思いがあった。そうした矢先、平成二六年一一月、突如衆議院が解散、総選挙となった。これが私にとって大きな試練となった。私は比例当選ではあるが再び国会に戻ることになった。しかし議連会長である宮路先生はこの選挙を機に引退され、会長不在という暗礁に再び乗り上げた。だが、あきらめるわけにはいかない。そこでいわき市出身の元法務大臣・岩城光英先生のお力添えで、新潟出身で元国交省事務次官の佐藤信秋先生に次期会長に就任いただいた。そして、法案のさらなる修正・ブラッシュアップとともに、粘り強く各方面への説得を続けた。

最初は、「地元の只見線のことじゃないか」と傍観視の態度を取っていた先生方もその後、日本各地が異常気象による災害に見舞われる中で、地方のローカル線の復旧が我がことになっ

「改正鉄道軌道整備法案」可決で議場に一礼する菅家議員

てきている状況も背景にあった。特に、地震・風水害の激甚災害に直撃された福岡県、大分県、熊本県と福島県の四県の県知事が国会に陳情に来られるということで、各県に関係する与野党の国会議員にご案内を申し上げ、国会として、四県知事による、「この法案の早期成立」という正式な要請を受ける場を設けることになった。

これによって、「只見線だけではないのだ」という私の思いが皆さんに伝わり、法案実現の応援に回ってくださるようになり、皆で力を合わせて「改正鉄道軌道整備法案」を実現しようという動きになってきた。こうして同法案は自民党の国土交通部会で了承を得、連立政党の公明党との与党協議でも了承を得ることになった。

さらに、議員立法の提出は全会一致が原則とのことで、野党の先生方のところを回って歩き、法案の意義を説明申し上げ、同意を求める努力をした。その結果、国土交通委員会で正式に議題として取り上げられることとなった。私は、提案理由の説明と質疑答弁をさせていただくことになり、非常に緊張した思いで委員会に臨んだが、幸い提案は同委員会で満場一致で賛成を得た。そして直ちに法案は衆議院に送られ、ここでも満場一致で可決成立した。衆議院では起立採決ではなく「異議なし」で決まったのだが、可決後、私の周りの議員の先生方から、「いようっ、菅家法案だ。君、起立して一礼しろ」と声がかかった。「恥かしいな」と思ったのだが、「いいから立て」と言われ、立ち上がって議場を埋める議員の皆さんに一礼したとき、今までのことが万感胸に迫り思わず熱いものが込み上げてきた。

結局、国会議員になって五年かかって法案の成立に漕ぎつけた。二期目の平成二九年の初夏に、とうとう大きな仕事をやることができた。交通の便に恵まれない地域で暮らさざるを得ない人びとのためにお役に立つことができた――私は、その夜議員宿舎で一人で祝杯を挙げた。

---

## 資料Ⅱ　改正鉄道軌道整備法の要点

鉄道軌道整備法は、鉄道事業（軌道業を含む）に対する特別な助成措置を講じて鉄道の整備を図ることを目的とした法律で、昭和二八年八月五日に発効した。最終改正は、平成

三〇年（二〇一八年）六月二二日法律第六三号（所管省庁は、国土交通省）。

改正鉄道軌道整備法では、第三条第一項各号により、以下の場合、鉄道事業への助成が規定されている。

1　天然資源の開発その他産業の振興上特に重要な新線

2　産業の維持振興上特に重要な鉄道で、運輸の確保または災害の防止のため大規模な改良を必要とするもの

3　設備の維持が困難なため老朽化した鉄道で、その運輸が継続されなければ国民生活に著しい障害を生ずるおそれのあるもの

4　洪水、地震その他の異常な天然現象により大規模の災害を受けた鉄道で、速やかに災害復旧事業を施行してその運輸を確保しなければ国民生活に著しい障害を生ずるおそれのあるもの

5　鉄道事業者がその資力のみによっては災害復旧事業を施行することが著しく困難であると認めるときのほか、鉄道の災害復旧事業が激甚災害等に係るものであることなど、一定の要件に該当するとき

---

ところで、この「改正鉄道軌道整備法」のきっかけとなったのは、前述したように、三・

一一の大震災のあった平成二三年の七月（私の市長退任の直前）、福島・新潟地方を大豪雨が襲い、只見川が氾濫し沿岸各所に甚大な被害をもたらしたことが、きっかけであった。奥会津の洪水被害は、只見川上流の田子倉ダムの緊急放流によるものだったが、私はこの教訓を生かし、市長退任後も国交省の会津地域管轄部局、阿賀川河川事務所などと密に連絡を取り、豪雨時の河川・ダムの管理対策について情報を交換してきた。

それで思うのは、令和元年一〇月の一九号台風の際のダム管理の問題である。

近年では特に、集中豪雨時に、満水に達する前に流入量と同量を放流する「緊急放流」が、下流での水害を大きくする危険性が識者の間で指摘されている。平成三〇年七月の西日本豪雨の際、六府県八カ所のダムでこの緊急放流が行われたが、二カ所で緊急放流が行われた愛媛県では下流域の浸水により八人が死亡、緊急放流のあり方が改めて問題視され、国交省の検証会議ではその教訓を踏まえて、「事前放流」（利水用の最低限の貯水を含む）の提言を行っている。

ところが、東日本各地に大きな災害をもたらした台風一九号の際、関東甲信越と東北地方の計六カ所のダムで、緊急放流に踏み切った。下流域での被害との直接的な因果関係は今のところ明確にされているわけではないが、私は、台風の規模や進路は三日も四日も前から分かっているのだから、緊急放流に頼らず、事前放流を計画的に行って対処すべきではなかったかと思う。幸い、私は事前に阿賀川河川事務所の岸田所長と連絡を取り合い、大川ダムの事前放流を行うことにより、緊急放流を避けて、阿賀野川の堤防決壊など甚大な被害を未然に防ぐことができた。会津地域ではお陰様で死亡者もなく大被害が出ずに済んでほっとしたことが、記憶に新しい。

## 災害復興対策として誕生した会津・博士山トンネル

私は、決して国会議員になるのが目的で議員になったわけではない。議員になって、国家、国民、地元の人びとの思いに応え貢献したい——その思いから議員になったのである。過疎地域とか都市部とかに関わりなく、地域住民、市民の方の願い、要望・要請、「こうしてほしい」という声をしっかり受け止めそれに寄り添い応えていく、そのために汗をかく、目的はそれに尽きる。

会津若松市長時代、私は「この道路は通院・通学や買い物に必須だから何とか早くつくってほしい」「このトンネルは隣町と行き来するのにどうしても必要だ」という地元の声に応え、「どうやって国や県から予算を持ってくるか」ということにいつも頭をひねっていた。市長一二年間の間、会津総合開発協議会という陳情団の代表として働いてきた。

だから、地方の首長が、地域住民の強い願い、ニーズを国政の場に反映・実現するため、身を粉にして働いている実情が良く理解できる。その要望をしっかりと受け止めるのが衆議院議員の大きな役割の一つ、と心得ている。何とか皆さんの要望に応えたい、一つでも、いくらかでも予算を確保してあげたい、と常に心を砕いてきた。「改正鉄道軌道整備法案」と前後するが、私の議員二期目に実現した博士《はかせ》山トンネルもその一つである。

震災の後自民党が立ち上げた東日本震災復興加速化本部では、震災から五年間は、福島県が浜通り・中通り・会津を一体として、国は復興交付金事業をもって復興に当たるという方針を出していた。しかし、その後の五年間については、東北自動車道を挟んで東側は今まで通り国がしっかりと復興資金援助を行うが、西側の会津地域は地震の被害もあまりない、放射能汚染の影響もないので、復興エリアから外して通常の対応でいいのではないか、という方針案が示された。会津は復興交付金を受ける地域に入るか入らないかの瀬戸際に立たされていた。

そこで私は、「福島県は一体として、会津も同じように対応すべきである。なぜなら、風評被害は会津も深刻な問題である。農産物も加工業もダメージを受けている。何よりも、会津若松には七〇〇〇人を超える大熊町民が避難しているではないか。会津は被災地ではないが、受け入れ地として大きな、難しい課題を抱えているのだ。受け入れ地域の中には冬になると雪で通行不可能になるエリアもある。どうか会津も今まで通り福島県一体のものとして、国の交付金の対象として対応していただきたい」と力説した。

そして最終的に、自民党の復興加速化本部では、見直し案について、「これでは納得できない、福島県を一体のものとして復興対策に当たるべし」、との私の主張をご理解いただき、その結果、見直し案は撤回され、今まで通りの福島県一体として国の復興交付金をもって対応するという方針が正式に決定を見た。

博士山トンネル（国道401号博士山峠工区）起工式で挨拶（2017年7月31日）

その結果が、会津縦貫道や、現在の会津美里町と昭和村を結ぶ博士山トンネルの建設につながったのである。只見線の再開通という地元の要望についても、「鉄道軌道整備法改正案」の実現により、メドをつけることができた。これはやはり自民党の国会議員でなければできなかったことである。議員連盟を立ち上げることによって、多くの同志、多くの先生方の協力を得ることができた。私は、「自民党の国会議員で良かった。自民党の国会議員に押し上げていただいたおかげで、本当に地域に貢献する仕事ができた！　会津を守ることができた」と、このときつくづく思った。

私は、政治家たる者は目的と手段に大きく関わる仕事だと思っている。国民の要望・ニーズに常に目を配り、少しでも課題があれば解決の手段を講じなければならない。我が故郷の会津も含めて、少子高齢化、過疎化、地場産業の衰退、といった大きな解決すべき課題がある。そうした課題についてしっかりと応えていくのが国会議員の目的であり、務めである。そのためにはやはり、政権与党に所属し、しっかり予算を確保し対応していかなければならない。そのためには選挙で当選しなくてはならない。それは目的達成のための手段である、と考えている。

## 失敗は人生の糧となる

しかし、前述のように自分としては、国民のため地域・地元のために精魂傾けて仕事をし、成果を出したつもりでも、選挙で選んでいただくのは、生半可のことではない。

二期目の選挙のときは、選挙区で四〇〇票差で落選し、比例区で復活当選した。この二期目の選挙は、私にとり大きな試練であり、ある意味では政治家としての自分を見つめ直す良い機会になったとも言える。今まで、自分ではこれでいいと思ってやっていたことが、そうではなかったのかな。自分がこういう表現をしても相手は違って受け止めることもあるのだな。やはり、何かにつけてもう一つ配慮が足りなかったな——などなど。

失敗はある意味で自分を育てることになる。自分を見つめ直すことになる。人間、表面的に

ジュネーブ国際会議「各国議会とカントリーチームの対話」でスピーチ（2013年10月）

うまく行っていれば、あえて自らマイナス面を探し出し、矯め直すということをしない、したがらない。ゴーイング・マイウェイでいいや、ということになりがちである。失敗して初めて、「こういうところが……」と目を覚まさせられる。周囲からの批判も出てくる。

二期目のときも、後援会や支援者から厳しい意見が出された。それまでのやり方を全否定する話もあった。このときは正直辛かった。地方議員時代も含め、今まで八回選挙をやったがすべて——もちろん苦戦したこともあるが——当選してきた。順風満帆と思っていたところへ突然の暴風雨である。

しかし、このときは辛かったけれども、振り返ってみると、あのときの経験（比例復活当選）が、自分自身をもう一度見詰め直す、原点に帰らせてくれるいい機会であったことは間違いない。やはり、ロ

2015年の会津地域集中豪雨被害個所を視察。左の人は岩城光英氏（9月11日）

では言っていても、腹の底からの「お陰様で……」がなかった。皆の支えがあり自分があるということを忘れ、勝つのが当たり前と思って、ついつい増上慢になっていたかもしれない。「やったんだ」という意識と「させていただいたんだ」の違い。「お陰様でこういう仕事を与えていただいている、させていただいている」という気持ちを忘れ、「やったぞ、どうだ！」という驕り昂ぶりしかなかったかもしれない。

私は、早稲田の先輩で会津稲門会会長の笹内紘司氏から、「実るほど頭を垂るる稲穂かな」（人は社会的地位が高くなっても常に感謝と謙虚の気持ちを忘れてはならない）という言葉を常に聞かされていた。やはりそういう気持ちを忘れていたのではないか。

選挙は、大変な試練だったけれども、自分自身の大きな成長の糧となった、と思っている。人間にとりすべての経験が無駄ではないということである。人生、うまく行くこともあればうまく行かないこともある。むしろ、うまく行かないときの方が人生の糧になる——ということを、第二期目の選挙の経験から学んだのであった。そして、その二期目の間は役職がつかなかったのが却って幸いした。私は自分に与えられたすべての時間を使って「鉄道軌道整備法改正案」の提出準備——前述したような、役所や専門家の先生方との研究会、議員連盟の中での総括、党内手続き、公明党との連携の確認、野党の先生方への説明など——に邁進することができた。これは、まさに天の配材だったと言えようか。

そして、JR只見線の災害復旧の起工式が行われたのが、二期目（平成二九年）の六月一五日一一時であった。その一時間前の一〇時に、参議院で「鉄道軌道整備法改正案」が上程され、一一時前に成立をしていた。二つの大きな出来事が偶然同じ日に重なった。こうして、本来なら失意のために逼塞して縮こまっているべき二期目のときに、私は「鉄道軌道整備法改正案」の成立と、只

只見線会津川口-只見間鉄道復旧工事起工式にて（2018年6月15日）

見線の復旧にめどをつける、という大仕事をなすことができた。

その年の一〇月二二日、第四八回衆議院総選挙、私にとっては三期目の選挙が行われた。

## 地縁・血縁・奇縁……さまざまなご縁に生かされて

二期目の選挙の後、自分にはいつの間にか、当選するのは自分の力で当たり前という驕りが生まれていたのかもしれない。支援者の方々が大変な努力をされ、支えてくださっているからこそ自分があるのだ、という根本のことをつい忘れてしまっていた――ということを深く反省した。そして、支援者の方々に支えられて初めて自分の仕事ができるのだ、ということに心からの感謝の念を持ち、もう一度原点に立ち返らなくてはならない、と強く心に誓ったのである。

三期目も前回と同じO先生が保守派の対立候補として出馬した。しかも今回は、「会津のドン」渡部恒三先生が全面的に同候補をバックアップするという鉄壁の陣容である。世論調査でも非常に厳しい結果が出ていた。しかし、私は、二期目の選挙の反省を肝に銘じ、「やっている」のではなく「やらせていただいている」という原点に立ち返って、その思いを率直に伝えさせていただいた。そして、只見線の復興、東日本大震災への対応、会津縦貫道の建設など、会津の土地と人を守る仕事に営々と力を注いできたことを愚直に訴えて歩いた。

昭和村の集会に行ったとき、一人の主婦の方が、地元特産の苧（からむし）の糸で編んだトンボのブローチを、「これをつけて頑張れ」といって私にくださった。トンボは「勝ち虫」と言って縁起の良い昆虫とされる。その女性は、忙しい日々の時間を割いて、そのブローチを私のために織ってくださったのだ。

私はその方の心の籠った贈り物が、私に対する支援者の皆さま方全員の気持ちのシンボルなんだと受け止め、大変感動し、有り難く頂戴して家の神棚にお祀りした。そして出陣式の際、このエピソードを披露し、支援者の方々に対する感謝の思いと、それに必ず報いたいとの決意を申し上げると、みんな大変喜んでくれた。私はその場で改めて支援者の方に背広の襟にこの「勝ち虫」をつけてもらい、出陣式のセレモニーとした。

選挙戦の幕が切って落とされると予想を上回る激しい総力戦となった。選挙戦の終盤に入ったとき、会津風雅堂で総決起大会が行われた。その席に清和会の細田博之会長が駆けつけてくださった。そして細田先生は、「菅家君は弁当屋から始めて、市会議員、県会議員、市長、国会議員と駆け上り経験を積んできた。まさに平成の木下藤吉郎のような男だ。皆さん、ぜひ、菅家一郎の当選のために力を貸していただきたい」と応援演説をされた。お陰様で——双方とも前回より得票数が一万票を上回る接戦となったものの、私の方が上積みが多く、選挙区の当選を果たすことができた。実力者の恒三先生が応援したO候補との決戦を制することによって、私も名実ともに、地元選挙区における市民・住民の方々の選良としてのお墨付きをいただけたのではないか、と受け止めている。そして、「やっている」のではなく「やらせていただいている」という原点に立ち返ってその思いを率直に伝えさせていただいたことが、多くの方々のお力添えにつながり、三期目の勝因となったのではないかと思っている。こうして、私は平成二九年の第四八回衆議院選挙で、三度目の国会議員の重責をいただくこととなった。

平成三〇年に私がお世話になった福島日石の重役が亡くなられ、葬儀に参列してお別れの言葉を申し上げさせていただいた。そのとき、最初にお世話になった会社のお陰で今があるのだ、と改めて感じた。そして、これまでお付き合いいただいた一人ひとりの顔を思い浮かべ、そのご恩を噛みしめたものだった。

すでに述べたように、私が会津に帰ってからずっと見守り支えてくださった伊藤博さんや、最初の市議選に出る際に力になっていただきその後もずっと支援してくださっている山田栄次さん（町内会長）をはじめ、多くの方々に感謝してもしきれないほどお世話になった。すべての方のお名前を挙げることはできないが、ここで何人かの大切な方について改めて書き記しておきたい。まず第一に馬場一浩さん。私の父は立正佼成会の会員だったが、馬場さんは同会の会津教会長をやっておられた関係で、親身になってくださり、最初の市会議員選、県会議員への転出、市長選に臨む際などの人生の節目節目で、的確なアドバイスをしてくださった。父を早くに亡くした私にとり、父でもあり師とも仰ぐ存在だった。それから、私と同年で、商工会議所青年部で一緒だった、美容院「ポエムグループ」代表谷ヶ城慶二さん。彼は、県議選の選対本部長を務めてくれ、その後も全会津菅家一郎連合後援会の幹事長を務めてくれている男気のある親友だ。そして、一般財団法人温知会会津中央病院理事長の南嘉輝さん。東日本大震災の際には、首長としてなすべきことは何か、的確な判断を示してくださり、三期目の衆議院選挙では選挙対策本部長として、当選に貢献していただいた恩人である。北会津村の庄條徳一村長のことも忘れてはならない。会津地域の発展のために大所高所の観点から二人で成し遂げた会津若松市と北会津村の合併事業。そして、現在は全会津菅家一郎連合後援会会長として、ご支援いただいている恩人だ。人は、最初に世間に出てお世話になった人のご恩、感謝の気持ちを絶対に忘れてはだめだ、「お陰様で」の言葉を大切にしなければいけない、と改めて心に誓うものだ。これは、商売人だろうが職人だろう

後援会で谷ヶ城さんと佐渡への旅行時

が会社員だろうが、政治家だろうが、誰もが忘れてはならない人間の基本だと思っている。

平成三〇年の九月は、父の二三回忌と母の一七回忌に当たる月だった。また私が人生の中で大きな決断をした菅家ビルの建設と会社の設立から三五周年の年でもあった。ビルも外壁などが劣化してきた。近年頻発する風水害や地震の災禍でテナントの方に迷惑をかけてはならないので、壁の改修や防水加工、その他危険個所の補修を行い、これを機に、㈲新日本産業の代表取締役を妻に任せることにした。

私の人生にとっての一つの区切りを迎えたことと、また父と母の法事も兼ねて、九月三〇日に、支援者の方々に対する感謝の集いを催させていただいた。そして、菅家ビルを建てるときに大変お世話になった方々、市会議員としてスタートしたときの地元・町内の親身になって応援してくれた方々、市会議員、県会議員、市長、衆議院議員時代を通して一貫して私を見守り、

環境大臣政務官就任を記念して贈られた「桜パネル」の前で（右の人は贈呈者の叶悠眞氏）

育てていただいたご恩ある大事な方々をご招待し、皆さまのお陰で、三期目も当選することができ、今日こうして国のため、国民のために仕事をさせていただけている幸せに対し、心から感謝の言葉を申し上げたのである。

その後間もなく、月が替わって一〇月の四日に、第四次安倍内閣の環境大臣政務官と、内閣府大臣政務官を合わせて拝命することになった。奇しくも一〇月四日というのは、父親の祥月命日に当たる日であった。これも、親父が霊界から応援してくれているのかな、と不思議な思いに襲われたものである。官邸の赤絨毯の階段で政務官が集合して恒例の記念撮影を行ったときは、――特にポジションは決まっていなかったのだが――偶然にも安倍総理の隣に立つことになった。これまた不思議なご縁と感じ入ったものである。

私は三・一一の福島県の原発事故の際、首長として対応に当たった。当時は災害対策本部長として大熊町町民の皆さんの受け入れに当たり、スクリーニング、役所、学校、病院の手配……具体的に現場で防災計画を立て、運用した生の経験を持っている。首長としてのそうした貴重な経験をまさに生かすときである。私は、この仕事を何か、宿命、というより天命であるように感じた。自分にこそ与えられた仕事であり、責任である。もちろん大きな課題ではある。しかし首長時代に培ってきた経験、多くの関係者・協力者との信頼関係を生かし、何としてもやり遂げなければいけない、と思っている。

## 天から与えられた仕事として

環境大臣政務官については、官邸としては、私に会津若松市長時代の経験を生かしてほしい、との考えがあったのだろうと受け止めている。環境大臣政務官の任務は、福島第一原発の事故によって発生した諸問題、中間貯蔵施設の整備、汚染土壌の除去、帰宅困難地域内の復興拠点の整備、震災津波で出た一般ごみの再生利用、産業廃棄物の処理、下水道の浄化装置の整備など、さまざまな分野にわたる。政府にとって東北再生のためにどれ一つゆるがせにできない重要な仕事である。私としても、官邸の思いを受けて、これまでの自治体行政での経験を生かし、これらの仕事にしっかり取り組まなければ、と身の引き締まる思いであった。

二〇二〇年には東京でオリンピック・パラリンピックが開催される。そのうち、野球やソフトボールの会場は福島県内に設置することに決定した。来年夏には、世界各国から大勢のお客さまが福島県にお見えになる。私としてもこの機会に、福島県の再生復興、福島県は安心・安全であることを、世界に大きくアピールしたい。汚染土壌の除去も目標数字を達成すべく尽力したい。

また会津は自然に恵まれた地であるので、自然を守り自然を生かす政策を進めてきた。県内の磐梯朝日国立公園、越後三山只見国定公園をさらに整備し、より多くのお客さまに楽しんでもらえるよう、取り組んできた。JR只見線に関しては、鉄道軌道整備法改正案を成立させ、現在復旧に向け工事が進められているが、只見川に連れ添うように走る只見線の車窓から見る四季折々の自然景観のすばらしさは筆舌に尽くしがたいものだ。今環境省では、この沿線を国定公園に認定する流れができており、私としてはこれに勝る喜びはなく、国定公園化に向け全力で対応をしてきた。

県内の国立公園を見ると、尾瀬国立公園では、ビューポイントの樹木が不必要に繁茂し過ぎたり、倒木によって景観が損なわれているという問題が発生している。磐梯国立公園にしても、五色沼のヨシやアシが繁茂しすぎてビューポイントが失われていることについて、地元から指摘・改善要望が出ている。これらの問題についても、私は解決に向けて取り組んできた。

福島県としても、豊かな自然の恵みを活かして、観光産業の活性化に取り組む流れができている。そう言った意味で、私も、福島・会津の自然を守り、しっかりと生かしながら、観光的な観点からもお役に立てるように働いていければいいな、と思っている。

内閣府の仕事としては原子力防災ということが主眼となる。たとえば、万が一のときの避難計画の策定、原子力発電所における安全確認・モニタリングなどで、現在、国内の各原子力発電所、オフサイトセンターの視察を行っている。これについては、会津若松市長の時代に大熊町の避難者の受け入れに当たり、現場の責任者として計画をつくりつつ、目の前に山積する課

2019年4月14日、大熊町役場新庁舎開庁式。中央の大熊町長を挟んで左側が安倍首相、右側が筆者

題に取り組んだ経験が、この仕事に生かせるのではないか、と思っている。現実に起きる問題はなかなか当初の思惑通りには行かないことが多い。また現場の責任における判断、スピーディな行動が求められることが多い。であるから、最前線で現実に取り組んでいる現場の末端の目線がとても重要である。そして、県・国の連携も大切であるが、被災された市町村との連携が一番大切である。その中で生きた行動計画が立案される。そういう意味で、私は市長時代の経験が無駄ではなかったと、改めて痛感するのである。

　私は、今の仕事が自分に天から与えられた仕事である、と考えている。市長時代からこれまでの経験を生かし、現場・末端の目線を大事にし、万が一のことがあっても、つねに国民の生命・財産を第一に守ることに全力を注ぎたい、と考えている。

今年、平成三一年の春に大熊町の一部が避難解除地域に指定され、大熊町の新たな庁舎がつくられた。そして四月一四日に新庁舎の開庁式が行われ、私は環境大臣政務官として、ご挨拶とテープカットに出席した。私は道すがら、八年前に、会津若松市長として大熊町の人びとの避難受け入れに当たったときのことを感慨深く思い出した。当時、大熊町の方々はみんな、もう地元には戻れない、という悲痛な思いを抱き、自分たちはこれから一体どうなってしまうのかという不安を抱えていたはずである。私は、市の高校の施設の一角に開設された大熊町の会津若松出張所の開設式で、会津若松市長として挨拶を申し上げた。大変つらい状況の中で新しい暮らしを始める皆さんを前に、私は、「必ず戻れる日が来ます。それまで、みんな一緒に頑張りましょう！」と励ましのエールを送った。

「必ず戻れる」、とは言ったものの、今こうして現実に新しい庁舎で役所の皆さんに会うことができたことに、そして政務官としてお祝いの言葉を申し述べることができることに、私は深い感激、感動を覚えたのである。

実は大熊町役場が大熊町に戻る前に退職した職員の方々が「ジジイ部隊」というチームを結成して、復帰事業のために一所懸命に奉仕していたことを私は知っていた。だからこそ、私の感慨も一入《ひとしお》だったのである。開庁式では、「新庁舎ができたのでジジイ部隊は解散する」ということで、解散式も行われ、私はそこにも立ち会うことができた。すると、「ジジイ部隊」の一人の方が私のところに歩み寄って来て手を握られ、「いろいろお世話になりました。会津若松出張所の開所式でのご挨拶は一生忘れません」と言われたのである。私は、当時、全く先行きも分からない中で、復興・復帰を目指して、あきらめめずに黙々と頑張って来た方々の心のうちをその言葉に感じ、市長時代に劣らず政務官としても少しでもお役に立ちたいものと、改めて決意を新たにしたのである。

復興副大臣就任で記念撮影（前から2列目左端が筆者）

そして、令和元年七月二一日、令和に入って初めての参議院選挙(第25回参院選)が行われた。そのとき、こんなエピソードがあった。私は、地元の森まさこ先生の応援に入り、喜多方で下村博文先生とご一緒した。先生も早稲田の出身で、「新聞少年から大臣になった」先輩として、私の尊敬する政治家である。そこで、休息時間のとき、私は「先生は学生時代に新聞配達をしておられたんですね？　僕も早稲田に入る前、予備校時代に新聞配達のアルバイトをしていました」と話しかけた。すると先生は、「え、そうなの。どこの新聞?」と聞かれる。私「日経新聞です」、先生「そう。僕も日経だったんだよ。どのあたりを配ってたの?」、私「目黒不動尊のあたりです」、先生「そうか、僕もそうなんだよ。どこの専売所?」、私「中村さんのところです」、先生「えっ、そうか! 僕も中村さんの所でお世話になっていたんだよ」と、我々の奇遇について懐かしそうに話されたのである。私は、尊敬する先輩と、数年違いで、あの専売所のカイコ棚の寮で過ごしていたのだと知り、びっくりするとともに、得も言えぬ親近感を覚えたのである。激しい選挙戦の中のほっとする一コマであった。

間もなく、令和元年の九月一一日、第四次安倍第二次改造内閣人事で、私は復興副大臣に任命された。環境・内閣政務官に任命されてから一年足らずでの副大臣への任命である。総理からの期待を無言のうちに感じるとともに、被災地域の方々、国民の皆様への責任の重さを改めて噛みしめる思いであった。

私は、平成三年から三一年まで二八年間、選挙を八回経験した。今改めて思うことは、「自分は、東北日本大震災・福島第一原発事故から地元が再生するためにこの仕事を与えられたのだ」ということ、そして、「今までの経験・人脈を生かして今こそお役に立てるように、選挙区で働くのが自分の宿命であり、責任である」ということである。――そんな思い、そんな決意を胸に、これからの政治家人生を歩んでいきたい。

# あとがき

私が今度副大臣を拝命した復興庁は、本来二〇二一年（令和三年）三月末が設置期限とされていましたが、本年（令和元年）内に、一〇年間延長の方針が取りまとめられることになりました。私は、復興庁の新たなステージにおける政策課題を立案・執行する任務に携わることとなったわけです。今回の私の副大臣の拝命について、先輩方は「三回生では異例の抜擢だ」と口々に言われます。それだけに期待の重さ、任務の重大さをひしひしと感じますが、これまでと同様、壁が高ければ高いほど、闘志を燃やして任務の遂行に邁進したいと思います。

復興庁の延期方針は、東北地方そして我が福島県の厳しい状況を反映しているものと言えます。福島県の浜通り・会津地域ではいまだに原発事故の余波・風評被害による制限が多々課され、復興の道を妨げられています。会津は渓流釣りのメッカですが、釣果を食したり販売したりすることは禁止され、名物の山菜・キノコなども出荷を制限されています。農産品の出荷額が低下し、また観光面でも修学旅行が減るなどインバウンドの低下が顕著です。しかし私は、根拠の薄弱な風評被害に対し、身を以て「福島・会津の農産物・環境は全く安全・安心である」ことを内外に訴え、説得してまいります。自分が毎日会津・福島産品を食べていても、会津の空気を吸っていても、全く健康被害がなく、元気そのもので生活しているからです。浜通り・会津地域の住民の皆さんもそうお考えではないでしょうか？　私は第二期復興庁の復興政策の中に、浜通り・会津地域のサポートをしっかりと位置付けたいと考えています。

もちろん、復興は、東北地域だけでなく国全体の課題です。来年のオリンピック・パラリンピックは、「復興オリパラ」でもあります。私は、この「復興オリパラ」の担当も兼ねています。三・一一の後、東北復興の志を立てて会津若松市長から国政への道を歩み、この仕事を天命と考える私は、これからも被災者の皆さん、日の当たらないところで苦しんでいる方々に常に寄り添い、少しでも国家・国民のお役に立ちたいという思いで日々研鑽してまいりたいと思います。

本書は、復興副大臣拝命を機に、一介の弁当屋から身を起こし、市会議員、県会議員、市長、国会議員と立場が変わっても、常に地元に思いをいたし、東北・会津の復興と弱者に寄り添う姿勢を誠心誠意、全力で貫いてきた半生を、率直につづったものです。拙い書き物ではありますが、私の政治家としての信念と支持者各位への感謝の念をお汲み取りいただき、これからも変わらぬご支援・ご指導をいただければ幸いです。

終わりに、本書を上梓するにあたり、ご協力をいただいた皆様に心より感謝申し上げます。

令和元年一一月吉日

著　者

[著者]
**菅家一郎**（かんけ　いちろう）
昭和30年5月20日、福島県会津若松市生まれ。県立会津高等学校、早稲田大学社会科学部を卒業。平成3年会津若松市会議員に当選（1期4年）、平成7年福島県会議員に当選（1期4年）、平成11年会津若松市長に就任（3期12年）、平成24年衆議院議員に当選（以後3期連続当選）、平成30年環境省・内閣府両政務官、令和元年復興副大臣に就任。

**弁当屋から国会へ！**
会津男児が熱く綴る「復興への志」

2019年11月27日　第1刷発行

著　者――菅家一郎

編集・制作――株式会社白陽社
発行者――森 弘毅
発行所――株式会社アールズ出版
東京都文京区春日2-10-19-702　〒112-0003
TEL03-5805-1781 FAX03-5805-1780
http://www.rs-shuppan.co.jp
DTP ―――インタラクティブ
印刷・製本―――中央精版印刷株式会社


ISBN978-4-86204-302-3　C0031